EL CRITERIO DE LAS OVEJAS

DISFRUTA DE LA RIQUEZA DE NO PENSAR COMO POBRE

EL CRITERIO DE LAS OVEJAS

DISFRUTA DE LA RIQUEZA
DE NO PENSAR COMO POBRE

Víctor Baptista

EL CRITERIO DE LAS OVEJAS

PRIMERA EDICIÓN, JUNIO DE 2020

—————————

Corrección
Freddy Parra Jahn

Impresión
Xxxx Xxxx Xxxx

—————————

HECHO EL DEPÓSITO DE LEY
DEPÓSITO LEGAL XXXXXXXXXX
ISBN 979-8639735332

—————————

ÍNDICE

CAPÍTULO 4
LA SOCIEDAD   49

CAPÍTULO 5
MAXIMÍZATE AL MÁXIMO   61

CAPÍTULO 6
ES NECESARIO   73

ACERCA DEL AUTOR

PENSAMIENTOS FINALES

Dedicado a aquellos que desean abrir sus mentes y expandir sus horizontes, a aquellos que saben que sí se puede y que tener éxito es un derecho universal que está al alcance de todos, a aquellos que entienden que pensar, actuar y, en general, ser diferentes, no tiene nada de malo, es decir, para todos aquellos que desean obtener resultados extraordinarios.

CAPÍTULO 1
EL CRITERIO DE LAS OVEJAS

EL REBAÑO

Vivimos en un mundo donde aparentemente la meta es incitarnos, cada vez más, a pensar menos; siempre tenemos a alguien diciéndonos qué tenemos que hacer y cuál camino tenemos que tomar, hasta nuestros padres, sin querer participar en dicha conspiración, nos trasmiten desde niños, con la mejor intención del mundo, lo que le transmitieron sus padres o lo que ellos piensan que es mejor para nosotros. Es como si nos dijeran: no pienses, y mucho menos lo intentes, sólo sigue el consejo de tu padre que ya pasó por esa etapa.

No nos deja de impresionar el mundo moderno en el que las computadoras están siendo cada vez más inteligentes que el ser humano, no entiendo cuál es la sorpresa, por supuesto que las computadoras son y seguirán siendo cada vez más inteligentes, no solo por el avance tecnológico, sino porque una de las finalidades de tales máquinas es analizar información, mientras que el ser humano parece que está entrenándose para pensar menos. Hoy en día se ha convertido en una práctica común ver a padres dándole teléfonos celulares o tabletas electrónicas a sus hijos, sólo para que dejen de correr, jugar, gritar o interactuar con otros niños, es decir, como dice la mayoría: "Para que dejen de joder", cuando joder es la naturaleza de ellos, con esta actitud una vez más estamos transmitiéndoles a las generaciones siguientes la idea de que no tienen que pensar, mucho menos interactuar con otros. Si no lo cree preste atención a la reacción de los niños ante esta situación, fíjese cómo el niño juguetón y tremendo que vio interactuando minutos atrás, se sienta y se transforma, entra en una especie de trance, parece estar hipnotizado por algún poder más fuerte que su naturaleza, no habla, no opina, no le da hambre, no le dan ganas de ir al baño. Mientras tenga en la mano un artículo electrónico de este tipo con el cual pueda tener acceso a Internet o a juegos, lo estamos privando de que haga lo que los niños por naturaleza deben hacer, que es joder.

Con herramientas tan poderosas como los teléfonos celulares, las tabletas electrónicas o las computadoras que nos permiten tener acceso a Internet, lo que a su vez nos da acceso a cualquier información que deseemos, pregunto por qué no les transmitimos a nuestros hijos la cultura de cómo sacar el mejor provecho de estos avances tecnológicos, cuántos en verdad se toman el tiempo de enseñarles y explicarles cómo utilizar tal fuente de información a su favor.

Al llegar a la escuela prácticamente sucede lo mismo, nos encontramos con un sistema educativo en el que principalmente nos inculcan la cultura de no pensar; si cuestionas a un profesor, estarás en graves problemas, la cultura es sencilla: no pienses, solo memoriza y plasma en un papel tales conceptos, esto te asegurará tener buenas notas lo que a su vez te garantizará en el futuro un buen trabajo; repito: en esta área está absolutamente prohibido pensar, también nos enseñan a ser de algún modo egoísta con nuestros compañeros, si se nos ocurre colaborar con alguno de ellos en una prueba, somos inmediatamente acusados del gran crimen de copiarnos y el castigo inmediato es que reprobamos el examen y posiblemente, a criterio del profesor, la materia; lo cómico es que en el futuro no entendemos por qué a tantos les cuesta trabajar en equipo, al llegar el momento de conseguir trabajo la idea es fácil de entender, no pienses o interactúes, empieza en un trabajo, sigue instrucciones y podrás de esta manera escalar posiciones en tal compañía la cual cuidará de ti cuando llegues a viejo.

Es como si el sistema estuviera concebido para transformar a seres pensantes en ovejas sin criterio, es un sistema en el que prácticamente tienes que pensar lo menos posible día a día, tu vida está planeada por alguien más desde que eres niño y lo único que tienes que hacer es seguir las instrucciones del pastor, sea quien sea, para que te vaya bien; lo más interesante es que dentro de estos grupos se ha creado un ser diferente que ha sido etiquetado como la 'oveja negra', me imagino que es con la intención de que las demás ovejas vean a este como un ser repulsivo, alguna clase de renegado que no sabe lo que quiere y al que la mayoría rechaza, pero no pueden estar más lejos de la realidad ya que las ovejas negras, si algo tienen claro, es el objetivo que van a perseguir.

LA OVEJA NEGRA

Antes de continuar es necesario aclarar que el hecho de que la sociedad etiquete a alguien como oveja negra no lo convierte, para nada, en un individuo socialmente reprobable; veamos por qué, vamos a definirlo: oveja negra es aquel que algún día decide cuestionar aquello que proviene de algún tipo de autoridad y le pregunta a la sociedad o al pastor que dirige el rebaño, por ejemplo: ¿por qué esta es nuestra única opción?, o ¿por qué este es nuestro único camino?, o ¿por qué únicamente debemos comer lo que tú indiques?, o ¿por qué solamente debemos estar en los sitios que tú nos indicas?; oveja negra no es más que aquel que un día decide ver otros horizontes, el que decide investigar cuáles son sus verdaderas opciones, es el que decide aventurarse por nuevos caminos, rompiendo, muchas veces, con lo establecido por el sistema.

En esencia, el espíritu de una oveja negra radica en una mentalidad proactiva que se apropia de los problemas que rodean a la sociedad o, más allá, al mundo, identificándolos como oportunidades y asumiendo la responsabilidad de los riesgos y fracasos que conlleva la búsqueda de soluciones. Las ovejas negras no somos más que aquellos que buscamos solución a los problemas, aquellos que sentimos la necesidad de experimentar cosas nuevas, que no podemos vernos toda la vida siguiendo instrucciones de otras personas, aquellos que algún día decidimos luchar nuestras propias batallas en vez de estar luchando batallas ajenas, no hay nada malo en conseguir la motivación y tener la pasión para salir a buscar lo que verdaderamente queremos conseguir. Si usted es así, o se siente así, o desea ser así, siéntase orgulloso, usted es una oveja negra.

Ser diferente no es suficiente para catalogar a una persona como mala o buena, en nuestro caso nos caracterizamos por no tener miedo a tomar riesgos, no le tememos a lo desconocido; tenga usted por seguro que la curiosidad no fue la que mató al gato, pueden existir muchísimos otros motivos, pero la curiosidad no mata a nadie, por lo tanto, no le tenga miedo a ella. El que todos caminen por la misma vía no significa que este es el único camino para llegar a nuestro destino, lo invito a que deje que salga la oveja negra que existe dentro de usted, deje de pensar en todo lo malo que pueda pasar y empiece a pensar en todos los beneficios y oportunidades que podría conseguir si se decide a actuar en forma diferente a como actúan los demás, ese es el secreto. Ahora, si quiere tener el mismo resultado de una persona promedio, sólo tiene que seguir portándose como una persona promedio y seguir obedeciendo instrucciones, pero si usted cree que merece un destino mejor que esto, este es el momento de empezar su camino al éxito.

Deje que su imaginación lo guíe, así empieza el camino al éxito: una idea, algo de preparación y acciones masivas es la fórmula que lo llevará a alcanzar lo que desea, empiece a crear un mejor futuro para usted y su familia, un futuro sin límites, sin fronteras, en el cual su legado será tan grande como desee, comience a hacer su horario, a decidir en qué invierte su tiempo, a no seguir instrucciones de terceros, puede tomarse la libertad de empezar a planear en dónde y cuándo disfrutará sus siguientes vacaciones, es el momento de liberar a ese ser que siempre ha estado dentro de usted, el que siempre le ha preguntado ¿por qué?, el que ha hecho que cuestione algunas recomendaciones de sus padres, el que ha hecho que cuestione algunas recomendaciones de sus maestros, es decir, el que siempre ha cuestionado a cualquier autoridad que ha intentado dictarle cuál es el camino a seguir o a decirle cuáles son las reglas del juego.

El momento es ahora, dicte su destino y salga a buscarlo, empiece a trabajar en él, para mañana podría ser tarde, aunque las oportunidades están presentes en todo momento y en todo lugar, pero mientras más rápido empiece su viaje, más rápido llegará a su destino.

CRIANZA

Si todavía tiene algo de duda es perfectamente comprensible ya que los principios que manejamos en estos momentos tienen su origen en nuestra crianza, en la educación que recibimos en el hogar y en la escuela, y que estuvo basada en gran parte en el instinto de protección, que por naturaleza, aplican los padres a sus hijos tras el afán de mantenerlos alejados de cualquier situación que implique peligro, pero que se sustentó en esquemas trasmitidos generacionalmente los cuales, en ese momento, eran los únicos que nuestros padres conocían y suponían que eran los que podían garantizarnos una vida rodeada de seguridad, basada principalmente en una seguridad financiera provista por un empleo fijo, estable, cómodo, en una empresa que nos asegurara un futuro seguro. En consecuencia, es lógico que nuestro cerebro pre-programado esté hoy renuente a aceptar o a emprender algo que queramos hacer en estos momentos que sea diferente a lo convencional que se nos ha inculcado desde niños.

Guiado por esos preceptos y al observar el frecuente fracaso de gran cantidad de compañías es lógico pensar que ese no es el mejor camino para usted, por ese motivo es que, en vez de incentivarnos a iniciar nuestro propio negocio, la mayoría de las veces nos incentivan a ir a la escuela a sacar las mejores notas para así poder conseguir un buen trabajo y asegurar, de esta manera, nuestro futuro. Esta forma de pensar surgió hace muchos años atrás, en otra época, en que las compañías se hacían responsables de sus empleados, incluso después de que estos se retiraban; en el mundo moderno ya no funciona de esta manera, actualmente las compañías tratan, cada vez más, de alejarse de la idea de tener algún tipo de responsabilidad una vez que las personas dejan de trabajar en ellas.

Otra situación habitual es la de los padres que impulsan o incentivan a sus hijos a emprender carreras preferidas por ellos o basadas en sus propias experiencias, esta práctica es muy común, en el mundo de los deportes el padre fanático del béisbol quiere incentivar a su hijo a jugar béisbol, muchas veces incluso ignorando señales de que a su hijo le gustan otras prácticas y es bueno en ellas, como podría ser la de ejecutar un instrumento musical. Es común ver al padre, contador o médico, haciendo todo lo posible por que su hijo sea, igualmente, contador o médico, y así sucede con diferentes profesiones u oficios; una vez más se puede apreciar cómo somos criados ignorando nuestra voluntad o vocación bajo el supuesto de que debemos hacer todo lo que nos nuestros padres dicten.

Quede perfectamente claro que las críticas que hemos formulado respecto a esta forma de crianza son absolutamente ajenas a toda duda acerca de las buenas intenciones que guiaron a nuestros padres en tales momentos, solo que la velocidad con que evoluciona la educación en el hogar y en la escuela no está en concordancia con las exigencias que impone la dinámica social moderna, por lo que para el logro de lo correcto, lo indicado, lo exitoso, no basta solo con la buena intención, es inminentemente necesario actuar en consonancia con la dinámica y los criterios impuestos por los tiempos modernos.

A lo largo de los años en nuestro desarrollo como infantes escuchamos frases tales como: "El dinero no crece en los árboles"; pues, si quieres tener éxito financiero, tienes que dejar atrás todas estas creencias, el dinero sí puede crecer en un árbol si sembramos la semilla adecuada, de esto se trata el flujo de caja, a *nuestra* empresa tenemos que tratarla igual que a un árbol, inicialmente necesita mucho de nuestra atención, que no se nos olvide echarle agua, muchas veces necesitamos poner en ella abono, pero una vez que el árbol llegue a su madurez podremos indefinidamente disfrutar de sus frutos, aunque siempre será bueno hacerle un cariño, como podarlo, pero ya no necesitará de nuestra completa atención. El proceso de iniciar nuestra propia compañía es muy parecido, aunque son muchos los sacrificios que inicialmente tendremos que hacer para lograr echar adelante tal proyecto, una vez que crezca, necesitará menos atención de nuestra parte, lo que a la larga se traducirá en un beneficio plasmado en tiempo y dinero.

EDUCACIÓN

Una de las maneras más fácil de ganarse el título de oveja negra es no sacar buenas notas durante su educación básica, otra forma también es, al terminar la escuela, dejarle saber a su familia que no tiene la intención de ir a la universidad, lo más seguro es que le otorguen el título de oveja negra de manera vitalicia. La buena noticia para aquellos que nunca fueron buenos estudiantes en la escuela o que nunca, por algún motivo u otro, terminaron sus estudios en la universidad es que ya no es un secreto el hecho de que existen muchísimos emprendedores súper exitosos que al pasar por la escuela figuraron como ovejas negras o que mucho después entre los familiares o la sociedad se ganaron este título por no asistir a la universidad.

Existen variados motivos por los cuales muchos emprendedores no prosperan en la escuela o no muestran interés en adquirir títulos universitarios. Una de las razones más comunes se encuentra en que la educación moderna está enfocada mayormente a un tipo de inteligencia, el que es capaz de memorizar no tiene que pensar, si tienes la capacidad de leer y recordar los textos señalados por un profesor y puedes plasmarlos en un papel, seguro te irá muy bien en la escuela, esto definitivamente va en contra de la naturaleza de los emprendedores, los cuales no quieren memorizar, ya que por naturaleza son creadores, no quieren saber de información hipotética, la mayoría de las personas de negocios valoran las experiencias, tienen una idea y quieren salir a tomar acción para hacerla realidad.

Existen muchos tipos de inteligencia pero la mayoría de las escuelas y universidades modernas se enfocan sólo en una, quizás conozcan a alguien que no le importa cuál sea el deporte, pareciera que puede jugar o ha jugado toda su vida todos, los aprende fácilmente y es bueno en cualquiera que decida practicar, esa es, definitivamente, un tipo de inteligencia, el cerebro trabaja en armonía con el cuerpo para crear los movimientos necesarios que un deportista necesita ejecutar; han conocido a personas que tienen mucha facilidad para aprender a tocar diferentes instrumentos musicales o a algunos que tienen la capacidad de aprender varios idiomas de manera simultánea y lo hacen ver como si es algo sumamente fácil, todas estas capacidades representan diferentes tipos de inteligencia, pero la mayoría no son reconocidas académicamente.

Nos ganamos el título de oveja negra porque la sociedad asume que no queremos estudiar, pero en verdad están lejos de la realidad, el amor a la educación es un síntoma común de los emprendedores, la diferencia es que no nos gusta la educación institucional, al descubrir qué es lo que queremos hacer nunca dejamos de educarnos, reconocemos, a diferencia de otros, que existen muchas vías educativas fuera de las tradicionales o institucionales y es hacia ellas que dirigimos nuestra atención, empezamos a leer libros sobre los temas que nos interesan, asistimos a seminarios o cursos, bien sea en forma presencial o en línea, que involucren las materias que nos interesan, hoy en día todos estos recursos son más accesibles que nunca, todo esto, por supuesto gracias, a la Internet. Por lo tanto, si es una oveja negra no vea el tema de la educación como un obstáculo en la búsqueda de sus metas, ya que no lo es.

Pero no todo es malo en el sistema de educación moderno, gracias a él podremos contar con los mejores empleados que el sistema pueda formar, ya que la educación moderna está enfocada a crear empleados y no personas de negocios como somos nosotros. Esto es lo que queremos cuando formamos nuestra compañía, personas que de acuerdo al sistema de educación moderno pueden seguir instrucciones, que son buenos memorizando y aplicando lo aprendido, en otras palabras, soldados dispuestos a luchar en nombre de nosotros nuestras batallas personales.

DINERO TABÚ

El dinero es uno de los puntos que merece un análisis profundo. En la sociedad moderna pareciera que por algún motivo las personas no quieren hablar de dinero, es como si fuera un tabú, un tema prohibido, muchos tratan de justificar la carencia del mismo con frases como "Hay cosas más importantes que el dinero", cómo podemos justificar una frase como esta cuando en la sociedad moderna todo está basado en dinero, si no lo cree haga un breve análisis de lo que es nuestro día a día, vivimos en una propiedad bien sea comprada o rentada, no importa cuál sea el caso, definitivamente no es gratis, bien sea comprada o rentada representa un gasto; necesitamos un vehículo para trasladarnos de un sitio a otro, lo que representa otro gasto, incluso, si no tenemos un vehículo necesitamos dinero para transportarnos por otros medios a los sitios que deseamos llegar.

Vivimos en un mundo materialista donde ya nada es gratis, en otra época las personas podían construir sus propios hogares o cultivar sus propios alimentos, en la sociedad moderna su única opción es intercambiar dinero por estos bienes, si bien la salud es más importante que el dinero, no significa que no necesitamos del mismo para alcanzar nuestras metas, una buena alimentación, aspecto fundamental para alcanzar un buen estado de salud, no es gratis. La sociedad, y más específicamente, la clase media, basándose en la tesis de que el dinero no puede comprar la felicidad, no justifica la búsqueda de la riqueza; estos son argumentos dirigidos única y exclusivamente a justificar una actitud mediocre amparada en el conformismo.

Para alcanzar el éxito financiero tiene que entender que la felicidad está a su alcance pero que hay que pagar, jamás he escuchado a una persona quejándose porque tiene demasiado dinero, pero son muchos los que me han dicho todos los problemas que tienen por no contar con suficientes recursos monetarios, jamás he visto en la calle a alguien manejando un carro exótico con cara de molesto o llorando, por lo contrario, siempre parecieran tener una sonrisa en su cara, igual les sucede a las personas que manejan su propio bote, pareciera que mientras más grande es el bote más grande es la sonrisa.

Pero no todo se trata de cosas materiales, el dinero puede traer felicidad en muchas otras formas, en mi caso, mi padre ha sufrido por muchos años de una enfermedad sumamente grave, y los motivos por los que sigue vivo son: por un lado, el espíritu luchador que mantiene ante esta situación y, por otro, a que mi hermana y yo hemos podido ayudarlo financieramente a soportar todos los gastos médicos en los que se ha incurrido para mantenerlo vivo. Definitivamente disfrutamos cada minuto que pasamos con él, es pura felicidad cada minuto que él puede compartir con todos los familiares, en especial con sus nietos, este tiempo extra que hemos logrado disfrutar ha sido posible, entre otras cosas, gracias al dinero, por lo tanto, aunque puede ser verdad que el dinero no es lo más importante para usted, le garantizo que va a necesitar del mismo para que le sea posible llegar a ese estado de felicidad al que usted aspira, sea cual sea.

Cuando pensamos en dinero lo mejor que podemos hacer siempre es estar conscientes de que el mismo es una herramienta de libertad, es la llave que abrirá las puertas a otras oportunidades, que abrirá los caminos a un mundo de posibilidades y que existe en abundancia; para lograr el éxito financiero tiene que aceptar que es una oveja negra y empezar a construir creencias positivas sobre el dinero, las cuales, sin duda, servirán a sus mejores intereses; debe tener claro que no es la carencia de inteligencia académica o la falta educación institucional lo que le impide alcanzar el éxito financiero, sino el miedo, que fundamentado en creencias falsas originadas en la clase media respecto al dinero y al éxito no le permite tomar acción.

LA AVARICIA

La sociedad nunca detiene sus ataques en contra de los que evolucionamos como ovejas negras, debido a falsas creencias acerca del dinero solemos escuchar frases como: "Eres un mal agradecido, parece que no te conformas con nada", pero a diferencia de lo que muchos creen, nuestra especie es verdaderamente agradecida por todo lo que tiene, y si algo es absolutamente correcto es que no somos conformistas.

No existe en este mundo motivo que nos justifique el hecho de que tenemos que conformarnos con algo, siempre queremos más, especialmente a nivel financiero, tenemos claro que al empezar un viaje no llegaremos a un destino dado, en este viaje sólo estaremos haciendo paradas en diferentes tiempos y lugares, nosotros mismos somos nuestra única competencia, al trazarnos un objetivo como meta y cumplirlo, no nos sentimos conformes, en vez de esto empezamos a planear cómo podemos hacer más.

La conformidad es uno de los aliados de la mediocridad, deténgase a pensar por un instante si definitivamente está conforme con todo lo que tiene en este momento de su vida, de ser así, no tendrá necesidad de buscar más recursos monetarios, ni aspirar a una mejor vivienda, ni nada que mejorar en sus relaciones familiares y, mucho menos, en sus relaciones sociales, pero si por el contrario, usted aspira a esos objetivos mencionados anteriormente, está respondiendo a una natural inconformidad propia del ser humano, y eso no tiene nada de malo, más bien es síntoma de querer superarse en alguna o todas las áreas de su vida.

Debido a esa actitud de no conformamos con nada es que muchas veces somos confundidos o somos llamados avaros, esto no es más que otra creencia errada, ya que todos los que logran obtener el éxito financiero siempre tienen como prioridad ayudar a los otros, y lo hacen a través de diferentes formas, bien sea ayudando a sus seres queridos, que pueden ser familiares o amigos, incluso más allá, llegando a compartir su riqueza y su tiempo con desconocidos, o invirtiendo parte de su patrimonio o su tiempo en actividades nobles como lo puede ser intentar mejorar el mundo en que vivimos.

Los cambios no provienen de personas conformistas, por tal motivo la idea de conformidad no cabe en nuestra cabeza o en nuestro mundo, las ovejas negras somos innovadores, somos creadores, cuestionadores, estamos aquí para cambiar el mundo, si nadie cuestionara a las autoridades no existirían cambios. Pero el sistema está creado con otra intención, que es la de crear y criar ovejas sin criterio que sigan instrucciones sin cuestionarlas, así no generan ningún problema a los que ejercen la autoridad. La conformidad es síntoma de apatía lo cual definitivamente va en contra de la naturaleza de la oveja negra, los conformistas desarrollan la creencia de que todos sus problemas son culpa de otras personas al igual que la responsabilidad de solucionarlos pertenece a otros seres o entidades, por ejemplo, al Gobierno, están convencidos de que los Gobiernos funcionan como una especie de figura paterna o materna donde no sólo representan la autoridad sino que también tienen la obligación de proveer todo para nosotros, esto definitivamente crea un conflicto en el mundo de los llamados inconformes, ya que la naturaleza de nosotros, que muchos califican como rebeldía, nos lleva siempre a preguntar ¿por qué?, nos induce a buscar nuestras propias soluciones en vez de esperar que otros nos resuelvan nuestros problemas, somos los que levantamos la mano y preguntamos; sin duda, somos los que impulsamos los cambios.

Definitivamente existen muchas falsas creencias que nos han inculcado a través del tiempo, por eso es que muchas veces nos sentimos temerosos de dar ese primer paso, debido a estos conceptos erróneos es que pareciera que existe una pared de hielo impenetrable entre donde estamos y adonde queremos llegar, cuando la verdad es que dicha pared es mucho menos gruesa que lo que aparenta ser.

A medida que vayamos avanzando en este libro verá como tales creencias van perdiendo cada vez más fuerza y al final esta barrera será tan fina que con un pequeño empujón logrará romper el hielo.

CAPÍTULO 2
CREENCIAS

LOS PROBLEMAS REPRESENTAN OPORTUNIDADES

Volviendo sobre el tema de las creencias, ellas son la esencia de nuestro potencial, las creencias pueden proyectarnos o destruirnos, si uno cree y se convence de que algo es imposible ni siquiera lo intenta, el cerebro no busca soluciones a tal situación, todo lo contrario sucede cuando nos convencemos de que algo es posible y de que ese algo es nuestro objetivo, el cerebro reacciona de manera diferente e inmediatamente empieza a trabajar y a analizar todas las opciones para hacer de este hecho una realidad o algo posible.

Por este motivo es que tenemos que identificar todas aquellas falsas creencias que nos perjudican, tenemos que eliminar esos pensamientos negativos que terminan por convertirse en una especie de neblina que no nos permite encontrar nuestro camino; de acuerdo con esto, las ovejas que no desarrollan su propio criterio tienden a ver los problemas como algo imposible de solucionar y prefieren que otras personas se encarguen de dicha situación, no se dan cuenta de que los problemas representan oportunidades, es decir, las tienen frente a ellos pero no las ven. Al contrario, las ovejas negras ven en cada problema una oportunidad y así, bajo este principio, trabajan convencidos de que mientras más grande sea el problema, más grandes serán los beneficios monetarios derivados de su solución.

Por lo tanto, este es el momento de salir a buscar problemas, es decir, oportunidades, mantenga sus ojos abiertos de forma que pueda identificarlas cuando se le presenten, y una vez que identifique el problema o la oportunidad, prepárese, investigue, cree un plan de trabajo y tome acciones masivas, esta es la única manera de alcanzar sus objetivos.

Como oveja negra debe aceptar definitivamente que los problemas, obstáculos o desafíos no son más que oportunidades, insisto en ello porque estas situaciones son comunes en el mundo de los negocios, no deje que lo estresen, siempre manténgase objetivo en la búsqueda de la solución, deje de verlas como experiencias negativas, por lo contrario, acéptelas como parte fundamental de su desarrollo personal tanto en los negocios como en la vida en general. Cada problema que logre superar lo hará más fuerte, estos desafíos se constituyen en elementos determinantes para su crecimiento, lo que para muchos representa un inconveniente, para nosotros, ovejas negras, representa un reto que al ser superado se convierte automáticamente en una de las fortalezas con las que se irá edificando una base cada vez más sólida sobre la cual se podrá construir el imperio anhelado.

El mundo está lleno de problemas, ¡excelente noticia!, quiere decir que tenemos una fuente ilimitada de oportunidades, pero que esto sea una realidad dependerá únicamente de su criterio, de su perspectiva, o de la forma en que vea el mundo; muchas de estas soluciones resultan ser simples al igual que obvias, pero en la sociedad de las ovejas blancas nadie está buscando soluciones, usted sí, entonces su misión es identificar la situación problemática y conseguir la solución, es decir, convierta el problema en oportunidad, ¿cómo?, véndale tal solución o innovación a esa sociedad de las ovejas blancas que, como bien sabemos, están sentadas esperando a que otra persona o entidad resuelva sus problemas, o sea, la ecuación es: problema = oportunidad monetaria.

Las oportunidades representan la esperanza de mejorar nuestras vidas, al estar claro en esto no tenemos otra opción que definitivamente salir a buscarlas, deje a un lado sus viejas creencias, sus miedos o distracciones y empiece su cacería de oportunidades, una vez que empiece esa búsqueda se dará cuenta de que las mismas están en todas partes, incluso han estado frente a nosotros toda la vida sólo esperando a que salgamos a tomarlas, cualquier idea representa una oportunidad de hacer algo diferente, algo nuevo, algo más, lo cual siempre abre la puerta a nuevos horizontes, no espere a que sea demasiado tarde para preguntarse: ¿qué hubiese pasado si...?, cuando se trata de oportunidades tiene que vivir su vida al máximo, aprovechar y tomar ventaja de cada una de ellas, agradezca las oportunidades pero no se conforme nunca, porque vivimos en un mundo en donde las mismas no tienen límite. Tenga presente que el verdadero fracaso radica en no intentarlo, es decir, si no empieza a disparar en este momento tenga por seguro que nunca dará en el blanco.

SIN EXCUSAS

Una de las cosas más admirables en la sociedad de las ovejas blancas es la capacidad que desarrollan para inventar excusas, en su ardua lucha por no asumir responsabilidades se han vuelto expertas en esta área, el pensamiento común y la actitud a seguir se rigen por el lema: "Desde que se inventaron las excusas nadie tiene la culpa", por lo tanto, si en algún momento se sienten atacadas, la costumbre es reaccionar y dar una excusa.

La lista de excusas parece no tener fin y siempre tienen una a mano, parece que la meta es tener cada vez menos responsabilidades en la vida, sin darse cuenta de que las excusas son uno de los grandes impedimentos para crecer y alcanzar los logros de que son capaces. Las excusas no son más que razones inventadas para justificar o posponer una acción, un comportamiento o, simplemente, para desviar la responsabilidad, más allá terminan convenciéndose a sí mismos de que esta situación es verdad, por lo tanto, les es imposible asumir responsabilidades.

Las ovejas negras no le tememos ni le huimos a la responsabilidad, no nos asusta equivocarnos ya que entendemos que también de los errores uno puede aprender algo, no nos da vergüenza ni le tenemos miedo al cambio, no nos atemoriza la responsabilidad ni el hecho de cometer errores, además, las ovejas negras entendemos que inventar una excusa no tiene otro motivo que evitar una responsabilidad. Hágase un autoanálisis y comience preguntándose por qué no ha empezado a tomar las acciones necesarias para lograr el éxito o la libertad financiera que tanto desea, si al hacerse esta pregunta alguna de sus respuestas es parecida o igual a alguna de estas: "es que no tengo suficiente tiempo", "no tengo suficiente dinero", "soy muy joven o, a lo mejor, muy viejo para empezar en este momento", "no sé cómo", "no tengo la formación para hacerlo", "es muy peligroso", "no es fácil", "tengo miedo", "no es la economía adecuada", "no es el momento indicado", "no creo que vaya a funcionar", etc.; usted no está haciendo otra cosa que engañarse a sí mismo posponiendo de esta manera el logro de sus metas.

Tenga claro que como oveja negra está en la obligación de empezar a ser un líder, está en la obligación de dar ese paso que lo convierta de Beta a Alfa, es hora de que cambie su actitud y su forma de pensar, para tener éxito como líder no puede seguir dando excusas bien sea por la falta de acción o porque algo no salió como se planeó, su enfoque de ahora en adelante debe estar dirigido a los hechos sin importar situaciones o circunstancias externas, de ahora en adelante su obligación es asumir responsabilidad de las cosas que hace e, incluso, de las que deje de hacer cuando se trata de alcanzar sus metas.

Sea consciente y entienda que de ahora en adelante cada vez que invente una excusa sepa que no está engañando a nadie sino a usted mismo, a nadie le interesan las excusas, lo único que importa en este mundo son los resultados, los resultados son los que lo van a ayudar a avanzar; entonces, siguiendo esta idea existen dos escenarios: uno, en el cual está avanzando hacia lo positivo, y otro, donde está estancado inventando excusas, todos tenemos el poder dentro de nosotros para alcanzar el éxito; sí, leyó bien: "todos", le aclaro que en ningún momento he tratado de decir que es fácil, si fuera fácil, todo el mundo lo podría hacer, lamentablemente no es sencillo, pero algo que sí puedo asegurarle es que es absolutamente posible, dejemos de darle trofeos y medallas de oro a nuestros hijos por el simple hecho de participar en un juego ya que sólo los estamos acostumbrando a no dar lo mejor de ellos, les estamos dando la impresión de que no importa si lo intentan o no, de todas maneras van a ser premiados. Si fuera tan fácil, todos los perdedores serían exitosos, definitivamente no es de esta manera que queremos que ellos desarrollen su visión o actitud en la vida, impulsémoslos a dar lo mejor de ellos y expliquémosles que si dan lo mejor de ellos mismos, si toman acción y no se rinden, entonces, independientemente de que ganen o pierdan, se podrán llevar un premio: la satisfacción de que hicieron su mejor intento, porque si bien es verdad que todos tenemos la capacidad de alcanzar el éxito, este sólo está reservado para aquellos seres que toman acción y perseveran sin importar qué obstáculos se presenten en su camino.

DEUDAS

Este es otro punto en el que el criterio de la sociedad de las ovejas blancas es muy distinto al de las ovejas negras, la diferencia está en cómo cada sociedad ve y utiliza las deudas. En la sociedad de las ovejas blancas existen dos posiciones respecto al tema: la mayoría de ellas están convencidas de que endeudarse con la finalidad de aplicar el recurso a un uso recreacional justifica el hecho, por eso es que vemos a muchos recibiendo tarjetas de crédito y salir de inmediato de compras a un centro comercial, o aquellos, que basados en un crédito, planean sus vacaciones; en otras palabras, el único motivo por el que usan un crédito es para adquirir bienes que se deprecian con el tiempo o para gastar en actividades que no ayudan a su desarrollo personal o financiero; para la mayoría, esta práctica se ha convertido en algo común, lo que puede resultar muy peligroso, es como estar bebiendo un poquito de veneno todos los días, al principio su cuerpo podrá asimilar esa pequeña dosis, pero un día simplemente no podrá más y empezará a sufrir las consecuencias.

En la sociedad de las ovejas blancas la gran mayoría nunca ha recibido educación financiera, por lo tanto, no pueden ver lo peligroso que puede ser para ellos esta práctica, simplemente utilizan una tarjeta de crédito hasta que no da más, cuando esto sucede, la solución inmediata para este grupo es solicitar otra tarjeta y seguir endeudándose sin sentido, es como tapar un hueco abriendo otro más profundo, es muy común en esta sociedad que debido al ejercicio de esta mala práctica se llega a un momento en que la deuda es tan extremadamente grande que no pueden cumplir con ella.

También existe en esta sociedad un grupo que mantiene que endeudarse es lo peor que se puede hacer, ven la deuda como un mal del cual no quieren padecer, cada vez que uno de estos individuos se me acerca y manifiesta sentirse orgulloso por no tener deudas, mi pregunta siempre es la misma: ¿por qué?, y la reacción siempre es muy parecida, primero, me ven como si tuviera dos cabezas y, luego, empiezan con el mismo cuento, el mismo tono y la misma actitud de incredulidad ya que no comprenden por qué no comparto con ellos el concepto de que la deuda es algo malvado.

Aclaremos, en principio, que la deuda no es mala ni buena, lo que le da uno u otro sentido es el uso que le demos, es como un cuchillo filoso el cual puede ser utilizado por un cocinero como herramienta para realizar los platos más exquisitos, en ese caso, el uso que se le da a ese cuchillo es bueno, pero si el mismo cuchillo es utilizado para hacerle daño a otra persona o, incluso, a uno mismo, entonces el uso que se le ha dado a ese mismo cuchillo es indebido, es malo. En la sociedad de las ovejas negras está claro que la deuda no es mala mientras se utilice de buena manera, existen muchos escenarios donde la deuda puede ser utilizada en ese sentido, tal como podría ser aplicarla para adquirir bienes que incrementarán su valor en el futuro, ¿por qué no pedir un préstamo comercial para empezar o expandir su negocio?, esta deuda, sin duda, le estaría dando la facultad de aumentar sus potenciales ingresos. Las ovejas negras entendemos que de la deuda proviene el gran beneficio del apalancamiento, concepto del cual hablaremos extensamente más adelante; no quiere esto decir que salga corriendo en este momento a endeudarse con la intención de adquirir activos, incluso en la sociedad de las ovejas negras, algunos prefieren mantenerse alejados de las deudas, mi intención es que entienda que si la deuda es utilizada conscientemente con la intención de adquirir activos este hecho puede definitivamente generar grandes beneficios a su favor.

Otra área en donde se justifica la deuda es en la educación, aunque no es considerado un activo, considero que es el activo más importante;

para tener éxito debe prepararse y no hay mejor manera de lograrlo que educándose, claro, sin perder de vista lo establecido cuando hablamos anteriormente de este tema, no me refiero a la educación tradicional, me refiero a la educación que en verdad lo guiará por el rumbo que desea tomar. Usted no necesita un título universitario, si su deseo es el de obtener un título, hágalo, pero consciente de que hoy en día tener éxito financiero no depende de eso, lo que sí es mandatorio es educarse en diferentes áreas, esto siempre inclinará la balanza a su favor.

SOLUCIONES VS PROBLEMAS

Ahora, hablemos de los problemas. Independientemente de la raza, religión, género, edad u otra característica, nadie vive una vida sin problemas, ellos están presentes en la vida cotidiana de todas las personas, pero la forma en que sean enfrentados esos problemas establece una diferencia que depende de a cuál de las dos sociedades que hemos venido hablando pertenecen estas personas.

Veamos: los de la sociedad de las ovejas blancas al tener un problema personal suelen exagerar al máximo la magnitud del mismo, corriendo de un lado a otro y dejándole saber a todo el mundo lo desafortunados que son por el hecho de estar atravesando por tal situación, enfocan toda su atención en el problema pero, como señalamos anteriormente, sin la intención de buscarle una solución al mismo. Por otro lado, los que militan en la sociedad de las ovejas negras, al presentarse un problema y en la certeza de que los mismos no son más que oportunidades de mejorar, hacen uso del inmenso poder que tiene la mente y enfocan toda su atención en una sola cosa: analizar el hecho dirigiendo toda su energía a las diferentes formas en que se puede resolver tal situación; es decir, si usted enfoca su energía en el problema, lo más seguro es que se llene de pensamientos negativos y, como consecuencia, sea víctima del miedo, de la duda o de pensamientos que no le permitirán avanzar; en cambio, si se concentra en la búsqueda de soluciones, su cerebro automáticamente se activará y empezará a trabajar lógicamente aumentando las posibilidades de lograr resultados positivos. Tómese el tiempo necesario para analizar detenidamente la situación concentrándose únicamente en encontrar soluciones, esto lo ayudará a mantener su rumbo en la búsqueda de tales respuestas.

Para tener éxito tanto en los negocios como en la vida tiene que empezar a hacer de esta práctica un hábito ya que puede tener la seguridad de que la mayoría de los problemas no se resuelven solos, así que en vez de sentarse a esperar que otro le busque solución a una situación problemática, empiece a ver esto como su obligación y de esta manera siempre estará dispuesto a enfrentar con actitud positiva los problemas. Si usted se enfoca formalmente en resolver el problema en vez de concentrarse en qué tan mala o tan grave es la situación, se dará cuenta de que sin mayor inconveniente puede enfrentar el problema; esta práctica es fundamental si desea dar el paso de oveja blanca a oveja negra; este cambio a favor de cómo comportarse ante tales situaciones traerá definitivamente resultados positivos tanto en su vida personal como en los negocios.

Como hemos dicho anteriormente, cada problema representa una oportunidad la cual se traduce en experiencias valiosas en su desarrollo tanto personal como de negocios, no importa lo grande que se vea el problema, una vez que consiga la solución este perderá toda la energía negativa que pudo alguna vez afectarlo. Al hacer de esta práctica parte de su vida cotidiana empezará a sentir el deseo de mejorar todas las cosas que lo rodean, las ovejas blancas se especializan en señalar los problemas, pero las ovejas negras se caracterizan por ser las que buscan y consiguen las soluciones.

¿Cuántas veces se ha conseguido con el mismo problema?, mientras no lo resuelva tenga la certeza de que seguirá siendo problema en su vida, pero una vez que halle la solución este perderá la importancia que tenía y se habrá convertido en oportunidad. Ahora, proyecte las consecuencias positivas de haber resuelto esa situación problemática que se le presentó, piense que es posible que haya otras personas, como usted, pasando por lo mismo, en este punto tendría la excelente oportunidad de compartir esa solución con esos otros y, aún más, hasta es posible obtener un beneficio financiero a cambio. Esta es solo una de las tantas ventajas que resultan de cambiar nuestro criterio de hacia dónde enfocar nuestra energía cuando se nos presenta un problema.

Ya que estamos hablando de problemas y soluciones, aprovechemos el momento y hagamos un pequeño ejercicio teórico, partamos del hecho de que una persona se atrevió a comprar un libro titulado "Aprenda a pensar como una persona de negocios"; si le preguntásemos: ¿cómo se siente con respecto a lo que ha leído?, tendrá dos posibles respuestas: la primera, dirá que se siente bien y entiende el contenido, en este caso, definitivamente la oveja negra que está dentro de ese lector ya tomó el control, lo cual de verdad produce alegría y lo convierte en un buen candidato al club de las ovejas negras; la segunda, no se siente cómodo con lo que ha leído y lo tienen confundido muchos de los planteamientos presentados en ese libro. De ser este el caso, definitivamente tiene un problema, y es que la oveja blanca dentro de él aún sigue teniendo el control, puede entonces hacer una de dos cosas: la primera, parar ya la lectura del libro y seguir viviendo su vida de la manera que las ovejas blancas viven. Ahora, si en verdad desea avanzar y realizar cambios positivos en su vida debe escoger la segunda opción, es decir, terminar la lectura, sin detenerse, de esta forma se verá obligado a liberar la oveja negra y abrir su mente a nuevos ideales, a nuevos horizontes, poniendo en práctica los ideales presentados; podrá empezar a escribir su destino con la plena seguridad de que estará lleno de cosas grandes. En la sociedad de las ovejas negras le daremos la bienvenida, y le aseguramos que no estará solo en el camino al éxito.

CONFIANZA EN SÍ MISMO
(NO HAY NADIE MEJOR QUE USTED PARA ESTE TRABAJO)

En este punto puedo deducir que ya la oveja negra dentro usted se liberó por completo o, al menos, que está en proceso de tomar el control; sea cual fuere el caso me siento sumamente orgulloso de que haya tomado tal decisión, y creo que no hay nadie mejor para este trabajo que usted, y así como yo, usted también debe convencerse de eso. Es hora de hacer crecer su autoestima, de que empiece a confiar en sí mismo, si alguien lo califica de arrogante siéntase bien al respecto ya que las ovejas blancas confunden confianza con arrogancia.

Para alcanzar su mayor potencial usted está obligado a ser un líder, lo que significa que otros lo sigan mientras usted les enseña el camino, por lo tanto, es primordial que empiece a creer en usted mismo ya que esta es la única manera de que otros crean en usted, empiece a valorar sus opiniones, mantenga sus posiciones y deje que su criterio lo ayude a tomar las mejores decisiones, observe a los que alcanzan el éxito, vea cómo estos individuos irradian una confianza increíble cuando hablan o actúan, esta confianza proviene del hecho de que ellos definitivamente creen en sí mismos y en lo que están haciendo y así lo transmiten a otros individuos, pero no se confunda, la confianza que tienen en ellos mismos no es debido al éxito que han logrado, la confianza en ellos mismos estaba primero y fue eso, precisamente, lo que los impulsó a llegar adonde han llegado.

La confianza en sí mismo es algo sumamente importante ya que es el punto de apoyo que le permitirá alcanzar cualquier objetivo que se proponga en la vida, si la autoestima no ha sido su fuerte hasta los momentos, no se preocupe, que eso es algo que se puede trabajar y mejorar todos los días. Definitivamente necesitará confianza para enfrentar nuevos desafíos, los que no confían en sí mismos suelen ser vencidos por el miedo y la inseguridad, por eso es que prefieren mantenerse en la 'zona de confort' que es el área donde se sienten cómodos sin tomar riesgos, y una de las consecuencias de esta comodidad es quedarse estancado en el mismo sitio sin ni siquiera intentar superarse. Confiar en sí mismo le ayudará a comprender lo verdaderamente fuerte que usted es y le permitirá enfrentar los comentarios y críticas destructivas frecuentes en las áreas competitivas sin que lo afecten negativamente.

La confianza en sí mismo es la fuente de donde provienen la objetividad y la fuerza que lo ayudarán a enfrentar los problemas y que evitarán que retroceda, incluso cuando las ovejas blancas a su alrededor le repitan reiteradamente que lo que intenta hacer es algo imposible. Confiar en sí mismo y mantener su posición es sumamente importante cuando se trata de hacer algo que la mayoría considera como inalcanzable; si no hay suficiente confianza en sí mismo su autoestima no será realmente sólida, y esto podría quebrantarla gravemente en un ambiente donde la crítica, la comparación, las falsas expectativas y las falsas creencias, entre muchos otros aspectos negativos, estarán continuamente acechándolo con la finalidad de acabar con sus intenciones.

Es una triste realidad el hecho de que muchas veces nuestro entorno no constituye un ambiente saludable de desarrollo personal ya que la atención de algunos está centrada en atacar con la intención de acabar con las actuaciones positivas de los demás, esta posición para ellos es, por algún motivo, más fácil y placentera de adoptar que otras actitudes constructivas que podrían ser practicadas en ese momento; no obstante, ante esto, está el nivel de confianza de las ovejas negras, que generalmente es muy alto y ese nivel es al que usted debe aspirar, pero para llegar a ello tiene que tener suficiente confianza para tomar y ejecutar sus propias decisiones. Después de todo, sólo dos cosas pueden suceder una vez que haya decidido hacer algo, por un lado, pudiera resultar que hizo lo correcto, lo que lo ayudará a avanzar en su camino, pero por el otro, pudiera ser que se equivocó, lo cual no tiene nada de malo, ya que de los errores cometidos hay tanto que aprender como de las decisiones acertadas, es decir, que cualquiera que fuere el resultado de su decisión este estará siempre contribuyendo a su desarrollo personal.

LA MENTALIDAD DEL POBRE

Este es un tema sumamente polémico, así que trataremos de ser objetivos al respecto: vivimos en un mundo donde todos tenemos las mismas oportunidades, cuántos conocen o han escuchado de personas que de una u otra manera empezaron desde cero, sin tener nada, sin conocer a nadie o sin ningún tipo de educación académica pero que de una u otra manera lograron alcanzar el éxito financiero en la vida; si estas personas pudieron lograrlo, ¿cómo es posible que otras no puedan?, personalmente pienso que definitivamente el estado mental en que se encuentra una persona afecta su realidad, en el momento que un individuo piensa que algo es imposible, en su mundo será imposible; si piensa que es inalcanzable, en su mundo será inalcanzable, cualquiera que sea la excusa que ponga en su cabeza, terminará convirtiéndose en su realidad, me imagino que de aquí proviene el famoso dicho de que cada cabeza es un mundo.

La gran mayoría en la sociedad de la ovejas blancas no puede avanzar ya que su realidad no se lo permite, por lo tanto, ni siquiera lo intentan, viven en un mundo escaso donde todo es limitado, incluyendo las oportunidades, estas limitaciones terminan estancando a estos individuos, convenciéndolos de que eso es lo mejor que pueden hacer o tener en la vida, de que no hay nada mejor para ellos y que es mejor que se conformen con lo que tienen. El conformismo es uno de los ámbitos más peligrosos en los cuales una persona puede estar, ya que en ese mundo no existe la intención de superarse, muchos suelen cometer el error de quedarse en esta realidad para siempre, este es el mundo del pobre o, en su defecto, la mentalidad del pobre, estoy convencido de que tal mentalidad no tiene nada que ver con el poder adquisitivo de una persona sino más bien con su manera de pensar, es decir, con la realidad que vive.

En el mundo de la conformidad la clase media es la población más numerosa, las personas de bajos recursos que deciden algún día romper las cadenas del conformismo, al llegar a la clase media vuelven a caer en ese estado de conformidad, se convencen a sí mismas de que ya subieron un escalón en los niveles sociales y que eso ya es suficiente, es sumamente fácil quedarse atrapado en esta realidad. En nuestro planeta existe una inmensa población de seres conformistas, los que viven en esta realidad ya consideran un logro grandísimo llegar a este status, no tengo nada en contra de los que alcanzan este nivel, los felicito, siempre y cuando entiendan que esta es sólo una parada y no su destino, siempre y cuando entiendan que más allá de lo que están viviendo en este momento, existe mucho más.

Entonces si la pobreza tiene que ver con un estado mental signado por la conformidad, en el cual prevalece el miedo, la falta de iniciativa, donde no existe ningún tipo de ambición, donde no hay la convicción de que existen posibilidades de surgir, donde los seres que viven esta realidad están convencidos de que esto es lo mejor que podrán tener en su vida, una realidad en la que el crédito es utilizado única y exclusivamente para adquirir pasivos, entre muchos otros aspectos negativos, entonces hay tantos individuos o más, encerrados en la mentalidad del pobre en la clase media que en la clase de bajos recursos.

De ahora en adelante, cuando en este libro hablemos de pobreza nos estaremos refiriendo al estado mental de una persona o a la realidad donde vive, lo que no tiene nada que ver con su capacidad adquisitiva, incluso es más común de lo que se cree que familiares cercanos a personas que han logrado el éxito financiero vivan felices en esta realidad, esto se debe, me imagino, a la ausencia de necesidades, se conforman con lo que tienen, lo que los lleva a no intentar avanzar en la vida, este estado de conformismo y de no querer hacer nada para superarse en la vida es lo que yo considero la mentalidad del pobre.

Una persona pobre es definida en el diccionario como aquel "que no tiene lo necesario para vivir o que lo tiene con escasez"; entienda que la pobreza es una realidad que viven muchos, pero el nacer o ser pobres en un momento de nuestras vidas no quiere decir que tenemos que vivir para siempre en ese mundo de escasez, cuando hablo de la mentalidad del pobre me refiero a la mentalidad del conformismo, si usted se conforma con ser pobre, entonces será pobre toda su vida; si usted se conforma con ser clase media, esta será su realidad y estará en esta situación toda su vida; incluso la persona que llegue a alcanzar cierto nivel financiero y se conforme con lo que tiene en este momento puede ser seducido por el conformismo y dejar de avanzar en su vida, el camino al éxito y a la superación personal nunca termina, son sólo niveles que vamos alcanzando y superando pero siempre habrá un nivel más que alcanzar, en este sentido siempre habrá espacio, no importa nuestra capacidad adquisitiva para avanzar y mejorar tanto en el área personal como en la financiera.

CAPÍTULO 3
HÁBITOS

ADMINISTRANDO EL TIEMPO

Como oveja negra tiene que aprender tanto a valorar como a administrar sus recursos de la mejor forma posible para obtener el mayor provecho de ellos, son muchos con los que contará, pero en este punto hablaremos del más valioso: el tiempo, de todos los activos o recursos con los que cuenta este es el único que se considera limitado, de ahí proviene la gran importancia de saber administrar algo tan preciado.

El tiempo no discrimina, sin tomar en cuenta su disponibilidad financiera nunca podrá adquirir más de éste, hay 60 segundos en cada minuto, 60 minutos en cada hora, 24 horas en cada día y así, sucesivamente; todos, cualesquiera que sean nuestras condiciones, contamos con el mismo tiempo, las mismas horas, minutos y segundos, todos los días. Entonces cómo es posible que muchos puedan administrar su tiempo tan bien que pareciera que hacen en un día lo que muchos otros tardan una semana en hacerlo; el gran secreto está en la buena administración del tiempo, este es el único recurso que independientemente de la sociedad a la que se pertenezca, de cuáles sean las creencias o criterio, todos lo recibimos en igual cantidad.

Se suele no darle al tiempo la importancia que se merece, quizás este es el recurso mayormente despreciado, si usted les pregunta a algunas personas que hagan una lista de las cosas más importantes, la mayoría referirá familiares, amigos, salud, estado físico, las cuales constituyen las más populares, pero en muy pocas listas verá mencionado el tiempo, la importancia del tiempo para muchos pasa desapercibida, no logran entender que el tiempo perdido nunca puede ser recuperado, no puedes hacer crecer el tiempo para tener más o, en su defecto, comprarlo, y de ahí viene la gran importancia de saber administrarlo sabiamente.

Empiece a utilizar su tiempo inteligentemente en actividades importantes, agradables y que le dejen algún tipo de beneficio, si no sabe dónde empezar, haga una lista de sus actividades diarias y lo que le dedica a cada una de ellas, tal vez se sorprenda al ver el tiempo que pierde en actividades que no tienen ningún sentido en su vida; esto le permitirá organizarse y determinar cuánto de su valioso tiempo está dispuesto a invertir en ellas. Tenga presente que nadie le puede decir cómo gastar su tiempo, el único responsable de administrarlo es usted.

Empezar su día sin metas y sin ningún tipo de objetivo es una de las peores cosas que puede hacer si está intentando administrar su tiempo eficientemente; todos tenemos responsabilidades y prioridades propias, y crear una lista universal de cosas por hacer y un método único para hacerla es casi imposible, pero sí podemos utilizar una metodología mediante la aplicación de pautas de planificación sencillas que nos permitan la utilización o asignación de nuestro tiempo en forma estratégica de acuerdo a la importancia que le asignemos a las metas que nos establezcamos diariamente. Los exitosos planifican su día consciente de la importancia del tiempo.

Planificar su día implica necesariamente distribuir apropiadamente su tiempo, una vez que tenga su lista de todas las cosas que necesita hacer en el día, determine la importancia de esas actividades y el tiempo que debe invertir en cada una de ellas, esto lo llevará a establecer prioridades; siguiendo esta idea, la actividad que tenga mayor prioridad tiene que estar de primera en su lista y así sucesivamente de acuerdo a la importancia que ellas tengan. Haga lo posible por terminar una tarea antes de empezar la siguiente, de esta manera obtendrá mejores resultados, siempre haga su mejor esfuerzo por completar sus actividades en el tiempo que estimó para ello.

DÓNDE INVIERTE SU TIEMPO

Ahora que tenemos una visión más clara de la importancia del tiempo podemos trabajar en identificar algunas de las áreas más comunes donde solemos invertir, sin ningún sentido, nuestro valioso tiempo, con esta mirada por delante tendremos la facultad de identificar áreas en las que perdemos tiempo al dedicarnos a actividades que no nos brindan ningún beneficio a cambio, uno de los sitios más comunes donde la gran mayoría invierte un alto porcentaje de su tiempo es en la televisión, les recomiendo mantenerse alejados lo más que puedan de ella, en especial de las noticias que trasmiten, pero como mantenerse siempre informado es sumamente importante, les sugiero que busquen en la red noticias que realmente sean de su interés en vez de llenarse de información negativa que es lo que lastimosamente venden las noticias hoy en día, no importa si son las noticias de la mañana, la tarde o la noche, lo usual es presentar espacios llenos de drama y situaciones negativas que de alguna forma lo mantienen a la espera del desenlace de esas historias, lo que sin duda representa una gran distracción ya que terminará alejándolos de sus objetivos y desviando su atención hacia aspectos que no le proporcionarán nada positivo. Igual pasa con los programas del género de novelas, el efecto que causan estos programas no deja de sorprender, es como si tuvieran el poder de hipnotizar al televidente, creando una especie de adicción a la que deben acudir diariamente para volver por más.

Además de disponer de la televisión, en el mundo moderno también contamos con el acceso a Internet, que ha evolucionado como un arma de doble filo, por un lado, es una de las vías mediante las cuales se pueden obtener infinitos beneficios tanto para usted como para su negocio, pero, por otro lado, puede ser una de las trampas más peligrosas cuando hablamos de perder el tiempo; está llena de distracciones, de publicidad innecesaria y de información vacía, entre otros aspectos, cuya única intención es llamar la atención del que navega en la red lo que lo lleva a que invierta o pierda su preciado tiempo realizando actividades vacías; una de estas peligrosas áreas está constituida por las llamadas redes sociales, que de ser utilizadas inteligentemente pueden generar innumerables beneficios para usted, pero en ellas es muy fácil errar el camino y terminar como una mayoría, invirtiendo gran parte de un tiempo, que podría ser productivo, en actividades que no le dejarán nada positivo, tales como juegos o, simplemente, estar pendiente de lo que pasa en la vida de los demás.

Vivimos en un mundo donde su enfoque estará siempre a prueba, distraerse y dejar de trabajar en el objetivo propuesto parece ser una práctica común en la sociedad moderna, cada vez las distracciones son mayores y más accesibles, y de alguna forma han incrementado el poder que ejercen sobre sus víctimas convirtiéndose en una tentación irresistible, siempre esté alerta y atento a en dónde o en qué está invirtiendo su tiempo, pregúntese antes de empezar una actividad ¿qué beneficio obtendré con este acto?, tenga presente que en ese acto está invirtiendo quizás el más valioso y menos recuperable de los recursos que usted posee, el tiempo.

Alguna vez usted habrá oído decir que "la vida no es una carrera, es un maratón", coincido totalmente con eso, veamos juntos cómo interpreto esta magnífica metáfora: cuando hablamos de carrera nos referimos a un recorrido generalmente corto, y nadie aspira a una vida corta, nuestro deseo es vivir una vida larga y sobretodo productiva, de eso es de lo que hemos venido hablando, es por eso que la debemos asociar con un maratón, pero ¡cuidado!, en el maratón, por ser un recorrido largo, con muchas distracciones alrededor (gente, paisajes, otros corredores, etc.) si usted no está concentrado y enfocado en su objetivo, es posible que decaiga su ritmo al prestarle atención a ese entorno, ¡error fatal!; en su maratón, en su accionar como corredor de larga distancia, como emprendedor, como oveja negra que es, no puede estar mirando a los lados, ni bajar el ritmo, ahí no está el futuro al que debe aspirar, usted no puede perder su tiempo en distracciones, no depende de nadie sino de usted mismo la forma y la velocidad a la que decide competir en tal carrera ya que usted es su piloto y, por lo tanto, el que lleva el control de la máquina, se trata de mantener siempre el control de lo que hace, no deje que las distracciones lo desvíen de su camino. Mantenga siempre a la mano una lista de sus prioridades la cual representará el mapa de su camino hacia los logros; para poder invertir su tiempo lo más eficientemente posible es importante que tenga clara la diferencia entre estar ocupado y ser productivo, la mayoría de las ovejas blancas viven ocupadas pero sin producir ningún beneficio extra en sus vidas, no caiga en esta trampa, trate de que su tiempo siempre esté produciendo algún beneficio.

La meta es producir los mayores beneficios mediante el apropiado empleo de su tiempo, y cuando me refiero a beneficio no me refiero única y exclusivamente al aspecto monetario, ya que existen muchos otros beneficios aparte del dinero tal como podría ser una experiencia que nos deje algún conocimiento. Manténgase enfocado y concentrado en sus objetivos y prioridades, aprenda a decirle ¡no! a las distracciones aun viniendo de gente allegada como familiares y amigos, procure crear o, en su defecto, fortalecer todos los días el buen hábito de la disciplina hasta hacerla una práctica común que lo conducirá al logro de sus objetivos.

DISCIPLINA

En el desarrollo de su vida como oveja negra la disciplina es un hábito que jamás se podrá dar el lujo de dejar de practicar, aunque la motivación es un elemento que juega un papel sumamente importante en el alcance de sus objetivos, la disciplina lo ayudará o le dará el poder para realizar sus tareas sin importar sus sentimientos o estado de ánimo, es decir, no importa si está cansado o si cree que no es el momento adecuado ya que se encuentra triste porque su equipo favorito perdió un juego, la disciplina es aquella fuerza magnífica que lo empujará a hacer aquello que tiene que hacer.

Teniendo clara la importancia vital que tiene el poco tiempo de que disponemos (recuerde que no es infinito) y lo importante que es cumplir con todos los proyectos que hemos establecido como prioridades, tomar acción y ser disciplinado es la única forma mediante la cual lograremos avanzar todos los días un poco más en el largo camino al éxito; el accionar disciplinadamente es lo que nos permitirá ignorar todas las distracciones y tentaciones que existen en nuestro entorno con la intención de desviar nuestra atención a actividades vacías que no tienen nada que ver con el cumplimiento de nuestros objetivos.

Desarrollar el buen hábito de la disciplina creará una habilidad única y fundamental que podrá asegurarle grandes logros en el transcurso de su vida, se trata de la capacidad para trabajar todos los días en el alcance de sus objetivos, la disciplina es un arte y su misión es integrarla de forma definitiva en su vida, lo interesante de los hábitos es que no discriminan ni se limitan, esto significa que puede practicar cualesquiera y cuantos quiera sin importar su situación económica, edad, sexo u otra característica que usted posea, los hábitos sólo constituyen un recurso, una herramienta personal orientada a cómo vamos a enfrentar el día a día en nuestras vidas. Para muchas ovejas negras el haber alcanzado el éxito es producto de la disciplina que lograron desarrollar en el transcurso de su vida, incluso para algunos, tuvo más importancia que las habilidades o conocimientos con los que contaron para alcanzar sus objetivos.

La disciplina constituye un factor común para alcanzar el éxito en muchas áreas de la vida, si usted interroga a personas de negocios, artistas o deportistas, entre otros, acerca de cuáles son o fueron las habilidades que influyeron mayormente en sus victorias y triunfos, les garantizo que todos tendrán en su lista la disciplina como uno de los elementos fundamentales en el desarrollo exitoso de sus carreras. Algo que me parece interesante y curioso es cómo las ovejas blancas crearon en su sociedad un concepto propio de disciplina y lo consideran como algo imposible de desarrollar o sólo aplicable a pequeños grupos como, por ejemplo, a los militares; esta sociedad asocia este buen hábito a limitarse y ser restringido consigo mismo en los placeres de la vida. Las ovejas negras manejan un criterio diferente y entienden que este buen hábito puede ser desarrollado y practicado por cualquiera y que el mismo representa fortaleza y autocontrol, lo cual, sin duda, es una herramienta fundamental con la que se puede y debe contar si queremos tener control de nuestras vidas y determinar el rumbo que queremos seguir.

Las nuevas generaciones en la sociedad de las ovejas blancas se han especializado en la aplicación del hábito del aplazamiento, y se ha convertido en costumbre sustituir cualquier cosa que necesite disciplina con este; como ya sabemos, la lista de excusas con la que cuenta este grupo no tiene fin y cuando tienen que trabajar en alguna de sus prioridades acuden a esta lista y se convencen a sí mismos de que está bien dejarlo para después, es decir aplazarlo, bien sea porque ya es tarde, o porque están cansados o porque es el fin de semana y hay otras cosas que disfrutar en estos días que son más importantes que aquellas que tenemos que hacer todos los días para mejorar, pareciera que las nuevas generaciones no saben decirle que no a nada y, por lo tanto, se convierten fácilmente en víctimas de cualquier distracción que se les presente.

Este es el momento en que debe dejar de aplazar las cosas y, por el contrario, empezar a ejecutar, la disciplina puede ser el factor que necesita adoptar para separarse y diferenciarse de la mayoría de la población y pasar a formar parte de un selecto grupo compuesto por aquellos que se caracterizan por ser exitosos en la vida, llegó la hora de que entienda que sin disciplina será muy difícil lograr sus objetivos e, incluso, si los logra será transitoriamente, con lo que le será casi imposible mantenerse en este nivel, como consecuencia, habrá perdido su limitado y preciado tiempo en la vida. No siempre se trata de seguir lo más bonito, lo que más brilla o lo más fácil, con el ejercicio de la disciplina usted se puede convertir en aquel artista que al ver una piedra visualiza en ella una obra de arte y tendrá la paciencia para trabajar con constancia y perseverancia día a día en esa escultura hasta conseguir el producto que deseó en un principio.

RETROCEDER NUNCA, RENDIRSE JAMÁS

Vamos a dedicar este punto a hablar de la constancia y de la importancia que tiene en el desarrollo de su vida como oveja negra; su presencia es determinante para el logro de la máxima eficiencia cuando se trate de alcanzar o de satisfacer las prioridades que nos hemos establecido; si queremos ser ovejas negras y lograr los éxitos deseados es de carácter mandatorio empezar a practicarla de manera inmediata; la constancia es uno de los factores fundamentales para alcanzar el éxito, ser apasionado o hacer lo que a usted le gusta no es suficiente, aun haciendo algo que nos guste, tenemos que poner además nuestro empeño para ser disciplinados y así cultivar la virtud de tomar acciones constantemente, es decir, ser constantes; en principio, se suele subestimar todo lo que podemos lograr uniendo y poniendo en práctica todos estos factores, pero al dominar estas prácticas no existen límites y los resultados que se pueden obtener llegarán a ser sorprendentes incluso para usted mismo.

La constancia tiene que ver con el hecho de entregarse por completo a las actividades prioritarias, es decir, mantenerse completamente comprometido con tales tareas y a su vez alejado de toda distracción, por lo tanto, el ser constante requiere de un compromiso por su parte, ya que este es un esfuerzo de acción mantenido continuamente y enfocado a largo plazo para lograr lo que se propuso y así ir avanzando todos los días, durante el tiempo que sea necesario, hasta alcanzar sus metas. La constancia significa no detenerse, no rendirse, no retroceder, se trata de enfocarse en el momento presente para lograr un objetivo o visión a largo plazo, el no ser constante lo llevará lamentablemente a un estado de estancamiento en el cual no sólo le será muy difícil avanzar sino que cada vez le será más y más difícil salir de esta situación ya que en este estado los viejos y malos hábitos suelen tomar control; este estado es el que conocemos como aplazamiento, y es uno de los sitios favoritos de las ovejas blancas, le recomiendo que se mantenga alejado lo más posible de esta área, la lucha entre el estancamiento y el avance siempre estará presente en su vida.

Para tener éxito tiene que mantenerse en movimiento constantemente, no hay ninguna fórmula secreta ni es algo mágico el alcanzar el éxito, para lograr sus objetivos sólo tiene que empezar a aplicar fundamentos básicos y desarrollar buenos hábitos, uno de estos fundamentos básicos está representado por la constancia, y lo mejor de esto es que todos estos fundamentos y buenos hábitos están a la disposición de cualquiera, es decir, están al alcance de quien quiera salir y reclamarlos como propios, aplicarlos y desarrollarlos continuamente.

Estoy seguro de que alguna vez han escuchado la frase "la práctica, es la que hace al maestro", pienso que a esta frase le falta el adjetivo 'constante', ya que lo que nos lleva a desarrollar nuestro máximo potencial es practicar y tomar acción constantemente, y es sólo actuando de esta forma que podríamos considerarnos maestros en el área, al proceder así, terminamos siendo lo que hacemos constantemente. Es de esta manera como se crean los hábitos y es la práctica continua de estos buenos hábitos la que nos lleva a la excelencia o, en tal caso, a convertirnos en maestros de ella.

Es la constancia la que le da el gran poder al agua para vencer o moldear a la piedra, así mismo el ser constante le otorgará el poder necesario para vencer cualquier obstáculo en su camino sin importar qué tan grande se vea. La disciplina es la que le da origen a la constancia, la práctica de estos buenos hábitos nos llevará a un estado de continuo avance, en este punto no prestaremos atención a las distracciones que nos rodean, no estaremos, más nunca, a merced de la duda o el miedo, no existirán ni dramas ni excusas que nos detengan en el avance de nuestro camino.

NO MÁS DRAMA

Ahora supongamos que usted se encuentra ante la disyuntiva de hacer o no hacer, empezar o quedarse en el mismo sitio, está dudando si avanzar en el camino de las ovejas negras o seguir el camino de las ovejas blancas, es decir, su vida en este momento está llena de todo el drama creado por las excusas provenientes del miedo para justificar el no tomar acción, de ese miedo que constituye el motivo más grande por el cual las ovejas blancas prefieren quedarse en su mundo de conformismo y no dar el primer paso hacia caminos diferentes llenos de posibilidades. Ese miedo suele funcionar como un lente de aumento que amplifica las cosas negativas dando la impresión de que un obstáculo es algo sumamente grande y sólido y, por lo tanto, imposible de ser superado; eso es lo que paraliza a la gran mayoría y no les permite avanzar en un momento dado en sus vidas, es un mal general que puede afectar tanto a ovejas blancas como a ovejas negras, ningún grupo está verdaderamente a salvo del miedo, es como si estuviera acechándonos todo el tiempo y esperando a que las defensas estén bajas para atacar y apoderarse de uno, es más común de lo que se piensa, tanto es así que, incluso una oveja negra, después de haber pasado ciertos obstáculos y haber alcanzado ciertas metas, al ser atacada por el miedo de perder todo lo que ha logrado hasta el momento, puede resignarse y decide estancarse en el lugar en que se encuentra en ese momento.

El motivo por el cual ninguna sociedad es inmune al miedo es porque este evolucionó en nosotros como un mecanismo básico de supervivencia que se activa ante una amenaza de peligro, partiendo de esto tenemos que el miedo puede ser utilizado a nuestro favor ya que nos permite reconocer alguna situación de peligro, por lo que hay que tener claro que el problema no es tener miedo ya que el mismo es parte de nosotros, lo que se debe hacer es aprender a enfrentarlo en beneficio nuestro. En el pasado pudo suceder que ante el peligro inminente de ser atacado por algún depredador la mejor opción fuera huir lo más rápido posible del área o, por el contrario, quedarse inmóvil con la esperanza de que dicho depredador no lo viera a uno; hoy, en el mundo moderno, estas reacciones son obsoletas ya que la mayoría de las veces que se activa este mecanismo no es porque nuestra vida corre peligro sino que es debido a otras circunstancias; entonces, ¿a qué verdaderamente le tenemos miedo en estos momentos?

Uno de los detonantes más comunes es el miedo a lo desconocido, ni siquiera las ovejas negras después de adquirir ciertos niveles o éxitos están exentas en algún momento de tenerle miedo a lo desconocido; tenga presente que en el mundo moderno puede tener acceso a casi cualquier información que desee adquirir, si algo es desconocido para usted no significa que sea malo, obtenga la información necesaria al respecto para así poder tomar las acciones necesarias y de esta manera seguir avanzando. Al sentir miedo lo peor que usted puede hacer es no hacer nada, ¡actúe!, aunque nadie garantice que tendrá resultados positivos y que será un trabajo fácil, no se niegue la oportunidad de comenzar el viaje a un mundo lleno de posibilidades, no limite, por causa del miedo, su desarrollo personal y mucho menos su desarrollo financiero.

Si el detonante proviene del miedo a fallar, significa que está siendo víctima de una de las falsas creencias formadas en la sociedad de las ovejas blancas, me refiero a algo sembrado dentro de nosotros desde que somos muy jóvenes; cuando estamos en la escuela el fallar una prueba significa algo malo y generalmente somos castigados o cuestionados por esta falla; pues es el momento de liberarse de esta falsa creencia ya que como oveja negra debe entender que no hay nada malo en equivocarse ya que, incluso los errores, pueden resultar en experiencias positivas de las cuales podemos aprender muchas cosas, el punto al que quiero llegar es que si logra identificar la fuente o el detonante que dispara ese miedo será mucho más fácil enfrentarlo en vez de ignorarlo; prolongar o dejar para mañana sus actividades prioritarias es una actitud que tenemos que evitar en cualquier momento de nuestras vidas, por lo tanto, el momento de hacer algo es hoy, solo tiene que encontrar la fuerza o el valor suficiente para dar el primer paso.

NO DEJES PARA MAÑANA
LO QUE PUEDAS HACER HOY

La creación y desarrollo de un buen sistema de acción es lo que nos permitirá ser productivos y mantenernos en continuo avance siempre y cuando seamos responsables y nos comprometamos a aplicarlo, no sólo basta con convertirse en oveja negra y desear cambios en su vida, hay que salir a buscarlos, enfrentarlos y ejecutarlos, y la manera más inteligente de hacerlo es siendo disciplinado, esta es la única manera no sólo de lograr lo que busca sino de mantener sus logros. Ya sabemos cómo siendo disciplinados desarrollamos el buen hábito de la constancia, la cual nos ayudará a luchar contra aquellos males que se encuentran en todo momento al acecho, como el miedo; ya entendemos que el problema no es tener miedo sino cómo enfrentarlo y que al ser disciplinados y constantes ese miedo tendrá cada vez menos fuerza sobre nosotros.

Ahora hablaremos de otro de los males muy común en la sociedad de las ovejas blancas y del que tristemente las ovejas negras pueden llegar a ser víctimas, es decir, que ni aun convirtiéndose en oveja negra usted será inmune a esta enfermedad, me refiero específicamente a la procrastinación, esta se conoce como el hecho o el mal hábito de retrasar o postergar actividades o situaciones que deben atenderse, sustituyéndolas por otras que resultan ser más irrelevantes o más agradables.

Sabiendo que en la sociedad de las ovejas blancas generalmente ellas suelen evadir responsabilidades y que no tienen ningún interés en avanzar producto del conformismo, no resulta difícil entender por qué son sumamente vulnerables a este mal, es muy común que cada vez que tengan una actividad importante frente a ellos decidan ignorarla o ponerla a un lado y posponerla para otra ocasión, lo interesante es que la oveja negra no es inmune a esta enfermedad, lo que significa que puede ser atacada y perjudicada por ella en cualquier momento.

Las ovejas negras por su naturaleza de creadores siempre están teniendo ideas, desarrollando proyectos, tareas, sistemas, entre muchas otras actividades en las cuales participan, pero como no se trata sólo de hacer las cosas sino de hacer las cosas más importantes o prioritarias, es más común de lo que usted piensa que una oveja negra sufra de procrastinación inconscientemente, ya que tratando de hacer todo puede caer en la trampa de empezar a posponer algunas actividades prioritarias y sustituirlas por otras que supone más importantes pero que realmente no lo son; como consecuencia de esto se estanca o avanza de manera muy lenta, lo peor es que al entrar en este estado, a veces por estar tan ocupados, las víctimas no suelen darse cuenta del mal que están sufriendo lo cual puede tener consecuencias sumamente graves en el cumplimiento de sus objetivos; este es un asesino silencioso que siempre está al acecho de las ovejas sin discriminar el criterio de ellas y representa uno de los mayores enemigos para aquellos que buscan el éxito en las diferentes áreas de la vida.

Como oveja negra tendrá un sinnúmero de actividades, ideas, tareas o proyectos que realizar, algunos más divertidos, más interesantes o más prometedores que otros, pero estas características no son las que le permitirán establecer cuál de todas estas actividades, ideas, tareas o proyectos debe ser la primera en ser atendida, es de vital importancia que sus actividades sean desarrolladas atendiendo a su carácter prioritario, es decir, por la importancia que tengan las mismas en relación con el cumplimiento o alcance de sus objetivos. Estamos conscientes de que existen muchos motivos por los cuales se puede decidir posponer una actividad importante, por ello es altamente recomendable que mantenga siempre sus objetivos y prioridades a la mano como recordatorio de cuáles son las actividades que merecen más tiempo de su parte, aléjese de la distracción, el nuevo capítulo de su novela favorita no debería de ser un motivo por el cual se deba detener su desarrollo o crecimiento, parece que cada vez son más y más las distracciones que han llevado a que las ovejas, independientemente de cuál sea su criterio, pospongan las actividades prioritarias para ellos, por lo tanto, siempre a lo largo de su carrera deberá estar pendiente de no ser víctima de la procrastinación, manténgase todo el tiempo midiendo sus avances y revisando su lista de prioridades, porque aunque no existe antídoto para este mal, esta resulta una de las mejores maneras de estar lo más alejado posible de él y de mantenerse enfocado en lo que verdaderamente resulta importante.

CAPÍTULO 4
LA SOCIEDAD

EL PELIGRO QUE REPRESENTA ESTAR EN LA CLASE MEDIA

En la clase media es donde conseguimos la población más grande de ovejas blancas existente, es decir, la mayor cantidad de seres conformistas que de una u otra manera no tienen la intención de avanzar en sus vidas, al menos, cuando nos referimos al área financiera; muchas ovejas blancas que pertenecen a clases más bajas dentro del ámbito financiero, se transforman en ovejas negras motivados por las ganas de superarse, pero gran cantidad de los que logran subir unos escalones para llegar a la tan anhelada clase media suelen dejar que la oveja blanca dentro de ellos tome el control, como consecuencia, terminan perdiendo el espíritu de superación y se conforman con haber alcanzado solo algo y este algo lo consideran suficiente. En la sociedad de las ovejas blancas que pertenecen a la clase media existe lo que muchas veces resulta ser un falso sentido de orgullo, muchos desarrollan un ego tan grande que los lleva a creer que son superiores en su mundo a los grupos que tienen menos capacidad adquisitiva que la que ellos gozan y además están llenos de lo que creen que son justificaciones pero no son más que excusas para ocultar por qué no pueden superar este nivel.

Estos grupos viven en un mundo limitado, sin darse cuenta de que el crecimiento potencial de sus ingresos comienza con su manera de pensar y su actitud en la vida, que la mayoría de las limitaciones no provienen de fuerzas externas sino de fuerzas internas, que la superación de un ser, y sobre todo en el área financiera, no depende de nadie sino de él mismo; si no entiendes estos principios es porque estás pensando como oveja blanca y como tal te garantizo que jamás podrás comprender por qué las ovejas negras manejan este criterio, es decir, nunca comprenderás cómo piensan y mucho menos cómo actúa este grupo, el cual maneja criterios tales como que el éxito financiero no se alcanza solo a través de una buena idea, más allá, tiene que ver el pensamiento y las acciones que apliquemos en nuestro día a día.

El criterio financiero que maneja la sociedad de las ovejas blancas está basado en un mundo de escasez y con esto justifican los impedimentos que, según ellos, existen y que no les permiten superar su situación económica; la creencia popular en esta sociedad es que la riqueza es un privilegio para unos cuantos afortunados, este es uno de los peores estados mentales en que un ser puede estar; contrariamente, las ovejas negras motivadas por su espíritu de superación, independientemente de la situación económica en que se encuentren o del nivel en el que la sociedad las haya ubicado entienden que el dinero no es escaso, por lo tanto, siempre quieren más del mismo y están convencidas de que este sentimiento de superación es un derecho que favorece a todos. Las ovejas blancas por su parte están convencidas de que las riquezas son para seres más inteligentes que ellos, mientras que las ovejas negras tienen claro que las riquezas no son asignadas a los más inteligentes sino que son sabiamente ganadas por los que se preparan mejor, además, están convencidas de que hacer y ganar dinero es algo simple que cualquiera puede lograr, mientras que las ovejas blancas están convencidas de que ganar dinero es algo muy complicado y muy difícil, y esto posiblemente se debe a que la única forma que conocen y que aplican para hacer dinero es la de mal invertir su preciado tiempo.

La clase media vive en un mundo de conformismo y escasez, por este motivo las ovejas blancas suelen desarrollar única y exclusivamente pensamientos negativos, este es, definitivamente, un estado sumamente peligroso en el cual se puede llegar a caer ya que esa forma de pensar es determinante en cómo verá y enfrentará las situaciones; enfrentar una situación lleno de pensamientos negativos puede crear la ilusión de que es un obstáculo insalvable y concluir, por lo tanto, que no vale la pena ni siquiera intentar superarlo, pero esta misma situación enfrentada con una perspectiva positiva se presentará ante nosotros como una oportunidad, ya que para el pensamiento positivo sólo existen posibilidades y oportunidades, nunca y por ningún motivo una oveja negra enfrenta una situación pensando que es algo imposible de superar.

Las ovejas blancas pertenecientes al grupo social clase media, absorbidas por ese mundo donde prevalece un ambiente de negativismo, consideran tan difícil hacer algo nuevo, que ya ni siquiera lo intentan, por lo tanto, si su deseo, ¡y me refiero a usted!, es salir del círculo vicioso del conformismo en el que vive la mayoría de las ovejas blancas, es mandatorio que en este momento cambie su manera de ver y enfrentar las cosas; autorícese a ser diferente, ya que si actúa como la gran mayoría tendrá los mismos resultados que ellos, el grupo conformado por la llamada clase media es sumamente grande y hay algo que me parece curioso e interesante en ellos, es que todos creen ser expertos sobre cualquier materia que usted pretenda ejercer o aplicar, no tienen miedo de demostrar sus conocimientos cualquiera que sea el tema, pero como viven en un mundo donde predomina el negativismo esto es exactamente lo que le transmitirán cuando opinen sobre lo que usted desea hacer, tenga mucho cuidado cuando decida a quién prestarle atención, ya que de escuchar a la persona equivocada puede terminar rindiéndose antes de intentarlo por ser víctima del negativismo que esta le puede transmitir.

TODOS SON EXPERTOS

En un mundo cuya población está constituida predominantemente por ovejas blancas tenemos que ser sumamente selectivos al momento de consultar o escuchar la opinión de alguien, resulta común escuchar opiniones no fundadas en conocimientos sólidos sobre la materia sino más bien sustentadas solo en la realidad en que vive aquel que emite dicha opinión. Una forma de comprobar esto es de la siguiente manera: sólo comente, en un grupo, que usted sufre de algún sencillo mal, como podría ser un dolor de garganta, para que vea cómo todos tendrán la cura a tal mal, usted oirá diferentes opiniones de cuál es la mejor manera de atacar esta situación. Si este es el caso y le duele la garganta mi recomendación es que consulte un doctor y no escuche a todos estos que creen saber de medicina no estando capacitados para diagnosticarlo y mucho menos para recomendarle las medicinas adecuadas. Es común que al tener la iniciativa para hacer algo nuevo, como empezar su propio negocio, las ovejas blancas que lo rodean, por su naturaleza negativa, intenten convencerlo de que esto es definitivamente una mala idea, y esa opinión generalmente proviene de aquellos que ni siquiera han intentado empezar su propio negocio y, por lo tanto, no cuentan con ningún tipo de experiencia en la materia.

Es su obligación, de ahora en adelante, estar siempre alerta referente a quién decide escuchar; cuando se trata de opiniones y consejos a seguir es vital hacer caso a aquellos que provienen única y exclusivamente de expertos en la materia y no de alguno de los tantos ingenuos que existen en el mundo y que intentan venderle ideas basadas en los criterios y miedos que ellos manejan y que generalmente no tienen nada que ver con usted. Puede ser que las opiniones provengan de familiares o amigos muy cercanos, esto no quiere decir que ellos opinen con la intención de hacerle algún mal, al contrario, lo hacen con la mejor intención posible y convencidos de que esta es su mejor opción, pero la intención no los convierte en expertos, por lo tanto, es importante calificar a la persona antes de aplicar dichos consejos u opiniones.

Parece ser que la balanza se inclina cada vez más hacia la creencia de que mientras más importante es el tema, más facultado está cualquiera para emitir una opinión, existen temas vitales en los cuales muchos se sienten expertos, por ejemplo, cuando nos referimos a temas relacionados con la salud, finanzas, inmigración o parejas, por nombrar algunos, cualquiera se siente capacitado para opinar, es común hoy en día que si alguien sufre de algún padecimiento, como el del ejemplo, muchos tengan la receta adecuada para curarlo; si su intención es la de empezar un negocio para generar más dinero, se encontrará con individuos que jamás han empezado un negocio pero que tratarán de explicarle los aspectos negativos, razón por la cual empezar el mismo resultaría una mala idea; si el tema es inmigración, no necesita ir a un abogado ya que todos saben acerca de eso y lo pueden asesorar en el tema; incluso aquellos que jamás se han casado se sienten en capacidad de opinar en materia de matrimonio. Cuando se trate de un tema importante en su vida trate siempre de buscar la opinión y consejos de aquellos que verdaderamente estén calificados para hacerlo, si se trata de salud consulte un doctor, si se trata de finanzas consulte a aquellos que en verdad tienen experiencia en la materia, si se trata de cualquier aspecto legal consulte a un abogado y verá que de esta manera le será muchísimo más fácil alcanzar sus metas.

LA EMPATÍA

Otra de las áreas donde las ovejas blancas y negras no comparten el mismo criterio es al momento de aplicar la empatía, para explicar este punto empecemos por definir qué significa el término empatía, según Wikipedia la empatía es la capacidad de percibir, compartir y comprender (en un contexto común) lo que otro ser puede sentir. Al entender el concepto es mucho más fácil comprender por qué los dos grupos que estamos estudiando tienen actitudes diferentes en relación con la empatía; por un lado tenemos que las ovejas blancas son sumamente empáticas con otras ovejas blancas cuando estas les dejan saber que se sienten mal por estar atravesando una situación que ellas comúnmente identifican como negativa; quiero decir que si una oveja blanca se acerca a otra para decirle lo triste que se encuentra por algún motivo, recibirá inmediatamente unas palabras de alivio, una palmada en la espalda e, incluso, un abrazo, dependiendo de cómo califique la gravedad del asunto; mientras que el contexto sea negativo encontrará palabras de alivio provenientes de las otras ovejas blancas o, por lo menos, lo que ellas consideran palabras adecuadas ante tal situación. Suelen decir algo así como: "no te preocupes, todo pasará" o "después de la tormenta viene la calma, aguanta"; lo que se traduce como: "no tienes que hacer nada, sólo siéntate, espera y verás como todo mejora o vuelve a la normalidad en el futuro".

Se puede decir que las ovejas blancas, dependiendo del contexto de la situación, suelen discriminar cuando nos referimos a empatía, ya sabemos que si se trata de una situación negativa reaccionarán de la manera que ellas consideran más adecuada, pero qué sucede cuando la situación es positiva, si una oveja negra se le acerca a una oveja blanca y le comenta lo feliz que se encuentra porque finalmente ha alcanzado sus metas financieras, lo más común es que sea inmediatamente etiquetada de arrogante por este grupo ya que no logran entender el criterio, el contexto o los ideales de una oveja negra. Seguro le ha pasado que en algún momento, dominado por la oveja negra que existe dentro de usted, ha querido hacer algo fuera de lo común y se lo ha expresado a otros en su grupo, si esta actividad es algo que se sale del limitado mundo en que viven las ovejas blancas inmediatamente le habrán contestado con algo así como: "tú estás loco", seguido por un despliegue incesante de motivos por los cuales debe sacar esa idea de su cabeza.

Si por otro lado, se acerca usted a una oveja negra para comentarle por la situación negativa que está pasando, lo más seguro es que esta le responda con una frase de consuelo tal como: "qué pena que estés pasando por esto", seguido por un grupo de palabras dirigidas a reenfocar su atención en la solución como podrían ser: "y ahora, ¿qué piensas hacer al respecto?", esto se debe al hecho de que las ovejas negras tienen claro que los problemas son situaciones que estamos en la obligación de enfrentar en vez de ignorarlas, y que nuestro enfoque, más que en el problema, tiene que estar dirigido a la solución; ahora, si por otro lado, la situación referida es algo positivo, sin duda felicitarán al que logró tales méritos ya que las ovejas negras entienden la importancia del crecimiento personal y de alcanzar sus objetivos.

Usted, como oveja negra, en algún punto de su vida terminará convirtiéndose en líder, por lo tanto, la capacidad de reconocer, comprender y compartir los sentimientos de los demás es una habilidad clave que necesita desarrollar si desea tener impactos positivos sobre aquellos que lo siguen. Estar en armonía con las perspectivas y necesidades de sus inversionistas o accionistas, sus empleados y clientes definitivamente fortalecerá su negocio. No sólo cuando hablamos de su negocio la empatía es algo que lo ayudará, también desarrollar la facultad de conectarse con aquellos que lo rodean contribuirá a su desarrollo personal y abrirá muchas puertas en su largo viaje. En el mundo moderno y gracias a la Internet cada vez las personas van perdiendo más y más la capacidad de comunicarse y empatizar con otros, por este motivo es que esto terminará convirtiéndose en una habilidad con la cual muy pocos contarán en el futuro y, como consecuencia, será una herramienta cada vez más valiosa.

AHORRAR NO ES LA SALVACIÓN

Otro tema que se maneja completamente diferente entre las dos sociedades es el que se refiere a dónde ubicar el dinero, la mayoría de las ovejas blancas no entienden la diferencia que existe entre ahorrar dinero e invertirlo, estas son dos estrategias financieras completamente diferentes; es vital que como oveja negra tenga claro estos dos conceptos, las ovejas blancas generalmente se inclinan a ahorrar todo el dinero posible convencidos de que esta es la mejor manera de asegurar su futuro, ellos por creer que el dinero es escaso tienden a guardarlo en cuentas bancarias con la intención de no tocarlo, sin darse cuenta de que al pasar del tiempo, ese dinero está perdiendo valor adquisitivo ya que normalmente la tasa de interés pasiva de los bancos (la que les pagan a los ahorristas por su dinero) está por debajo del nivel de inflación, lo cual trae como consecuencia que el valor del dinero disminuya al pasar el tiempo. Son innumerables los individuos alrededor del mundo que siendo millonarios han perdido sus riquezas lentamente o de manera acelerada debido, en cada caso, a un alto índice inflacionario o a una devaluación drástica de la moneda.

Pero manteniendo una actitud optimista supongamos que ninguno de estos factores se salió de control, de todas formas, sin darse cuenta, su dinero estará perdiendo poder adquisitivo a través del tiempo producto de la inflación. Por otro lado, las ovejas negras entienden que el dinero es para hacer más dinero y, por lo tanto, su tendencia es invertir con la finalidad de incrementar sus riquezas; no obstante, está bien guardar algo de dinero por algún motivo específico como podría ser un fondo de emergencia, pero el resto de su dinero tiene que estar trabajando de una u otra manera con la intención de producir más dinero para usted. Ahorrar dinero en el banco les hace sentir a las ovejas blancas que desde ese momento en adelante su dinero no es su responsabilidad sino responsabilidad del ente bancario, actitud que se corresponde con su naturaleza.

En esta sociedad se ha fortalecido la creencia de que invertir constituye una actividad de alto riesgo y, por lo tanto, es mejor no arriesgarse emprendiendo este tipo de actividades, esto se debe a que la mayoría no puede reconocer la diferencia entre apostar e invertir y en su mundo creen que son actos similares, aunque la inversión siempre tiene algún tipo de riesgo hay muchísimas formas de disminuirlo hasta el punto donde la balanza se inclina a su favor; el apostador generalmente no tiene ningún tipo de preparación y suele arriesgar su dinero con la esperanza de que las cosas salgan a su favor, en cambio, el inversionista se prepara, estudia, planea y hace todo lo necesario para asegurarse de que las posibilidades estén a su favor, el apostador tiende a buscar beneficios a corto plazo, mientras que el inversionista entiende que los mejores y más seguros retornos se producen generalmente a largo plazo.

Ahora que conoce la diferencia, seguramente puede entender que ahorrar está bien siempre y cuando sea para objetivos específicos establecidos a corto plazo, pero para alcanzar sus metas financieras lo mejor que puede hacer es invertir a largo plazo, con lo que estará protegiendo su dinero contra uno de los mayores peligros siempre latente, el cual está representado por usted mismo, y es que al tener acceso fácilmente a su dinero puede caer en gastos producto de tentaciones innecesarias. El medio ambiente en que vivimos está lleno de objetos que podemos catalogar como pasivos y que cada vez intentan que los veamos más atractivos con la intención de que caigamos en la trampa y gastemos dinero en cosas que no tienen nada que ver con nuestros objetivos en la vida, por lo tanto, es importante que tome las medidas necesarias para proteger su dinero de todas las amenazas que existen hoy en día, incluido usted.

VÍCTIMAS O VICTIMARIOS

Uno de los problemas más comunes al que se enfrentan las ovejas blancas es que, según ellas, el hecho de no haber alcanzado el éxito se debe a que son víctimas de situaciones externas sobre las cuales no tienen control, el ser víctimas de algo o alguien se ha convertido en una de las excusas más populares en esta sociedad, están convencidos de que son víctimas del gobierno, de los adinerados, de sus jefes, del clima, de los que los rodean, de la edad, del sistema educativo, estos entre muchos otros victimarios, que han impedido que ellos surjan, de una u otra manera estos elementos o situaciones se han confabulado en contra de ellos con la finalidad de sabotear cualquier intento u oportunidad que tengan de avanzar o surgir en sus vidas.

En esta sociedad se ha creado la impresión de que todos son víctimas de una u otra manera de algún tipo de conspiración, la cual queda al descubierto todos los días y en la que todos somos sospechosos; en estos tiempos en que las noticias viajan cada vez más rápido y tienen la facultad de llegar a una cantidad mucho mayor de individuos que la que pudieron alcanzar en el pasado, debe tener más cuidado que nunca ya que, si usted lo permite, éstas afectarán positiva o negativamente su mirada en diferentes materias; las noticias falsas parecen ganar popularidad todos los días hasta el punto de que se ha vuelto sumamente común la presentación en estos medios informativos de diferentes teorías de conspiración; en este caso la pregunta sería: ¿cuáles son los factores que hacen que alguien sea creyente de dichas teorías?, muchos estudios se han hecho en los últimos años sobre este tema y la mayoría parece coincidir en que el nivel educativo de cada individuo influye en la decisión de convertirse en creyente o no de determinada hipótesis, las ovejas blancas, en su mayoría, dominadas por su ignorancia y miedo a asumir responsabilidades terminan siendo fieles creyentes de estas teorías ya que las mismas les proporcionan la justificación de por qué se encuentran en la situación en que están; las ovejas negras parecen ser menos vulnerables a esta situación, esto se debe posiblemente a su tendencia a educarse continuamente y a tener más información, lo que les permite tomar decisiones más acertadas por cuanto están basadas en una visión más clara. Además este grupo está convencido de que si algo en sus vidas no funciona de la manera deseada, los únicos culpables y responsables son ellos mismos por no haber tomado las medidas necesarias para alcanzar dichos objetivos.

Tener una mentalidad de víctima va mucho más allá de la experiencia sufrida, aunque sea verdad que en algún momento de su vida fue víctima de alguna situación, es importante que acepte el hecho como algo que sucedió, que eso pertenece al pasado, y siga adelante con su vida; no solucionará nada haciendo el papel de víctima, lo único que alcanzará es llamar la atención de algunos y lo más seguro es que sientan lástima por usted. Si su intención es la de víctimizarse para evitar sus responsabilidades lo único que hará es engañarse a usted mismo.

Las ovejas blancas que sufren de la mentalidad de víctima terminan convenciéndose de que sus vidas no están bajo su control y que además hay un ente allá afuera queriendo hacerles daño deliberadamente, además tienden a identificarse como víctimas de las acciones negativas de los demás. En pocas palabras, el que padece de 'mentalidad de víctima' tiende a culpar a otras personas y circunstancias por su infelicidad o su mala situación.

Ciertamente los que sufren de este mal son víctimas, pero no logran ver que ellos son sus propios victimarios porque todo esto es generado en sus mentes y, como consecuencia, se vuelve su realidad llenándolos de emociones negativas, llevándolos a darles lástima a los demás e, incluso, a ellos mismos, desarrollan así una actitud defensiva, esperando y preparándose para el fracaso sin asumir responsabilidad de ningún tipo y sin buscar soluciones para mejorar su situación dejando que su vida sea dominada por aspectos negativos tales como la frustración o el miedo, entre muchos otros.

EL MIEDO

Muchos consideran que el miedo es la emoción más poderosa que cualquier ser experimenta ya que su presencia despierta el instinto de supervivencia; el miedo es un sentimiento provocado generalmente por el peligro o por la amenaza percibida y origina cambios en el comportamiento del individuo no sólo en sus funciones mentales sino también en las orgánicas; las reacciones más comunes son: confrontar al peligro o evitar la amenaza; ninguna oveja, independientemente de cuál sea su criterio, está exenta de vivir una vida sin problemas o de sentir algunas veces miedo ante determinadas situaciones; en lo que se diferencian enormemente las dos sociedades es en cómo enfrentan estas situaciones.

En la sociedad de las ovejas blancas, ante una situación de peligro estas tienden a evitar la amenaza; de manera contraria, la oveja negra al presentársele una situación de peligro o que le provoque miedo suele enfrentar dicha situación, el confrontar sus miedos es algo que está obligado a hacer si su intención es la de avanzar en la vida, este sentimiento de miedo fue desarrollado en tiempos primitivos donde teníamos que enfrentarnos a depredadores, otras clases de animales o peligros existentes que amenazaban nuestras vidas. En la actualidad hay otras razones que han originado que se desarrollen muchos miedos irracionales que producen en las ovejas blancas el querer huir o esconderse de tales acontecimientos, entre algunos de los miedos más comunes que existen hoy en día está el miedo al fracaso, las ovejas blancas que sufren de este mal, a veces de modo consciente, otras, inconscientemente, ignoran, esconden o eliminan sus propios esfuerzos para evitar la decepción o el fracaso, tenga en consideración que la mayoría de estos miedos se pueden aplicar a todos los aspectos de su vida y muchas veces no nos permiten lograr el equilibrio entre el éxito financiero y otras áreas de nuestras vidas lo cual no nos va a permitir ser felices.

Otro de los miedos más populares que afecta a las ovejas blancas es el miedo a la crítica, como ya comentamos, en la sociedad de las ovejas blancas todos se sienten expertos y, por lo tanto, no tienen problemas en expresar su opinión o crítica cuando se trata de actividades que otros están desarrollando; como consecuencia, estos individuos dejan de hacer lo que tienen que hacer o dejan de vivir sus vidas como siempre lo han soñado por el temor de qué van a pensar o decir sobre ellos en esta sociedad. Muy comunes resultan también: el miedo a hablar en público, el miedo al cambio, el miedo a la decepción, entre muchos otros que existen actualmente, el miedo es un sentimiento paralizante que no le permite a la persona que lo padece ni siquiera intentar alcanzar sus objetivos, en la sociedad de las ovejas blancas la mayoría asume que el éxito es imposible ya que nunca lo han vivido por sí mismos, el miedo causa indecisión y, como consecuencia, a veces actuamos y nos convencemos de que lo que queremos es incorrecto o simplemente, por cualquier motivo, es inalcanzable, empezamos a creer que lo que deseamos no es para nosotros o no estamos en capacidad de lograrlo, todo esto convierte al miedo en una de las razones más comunes para resistirse o evitar el cambio ya que impide tomar cualquier acción.

Ahora, la buena noticia: superar el miedo es una habilidad que cualquiera puede aprender, debe tener muy claro que sus miedos sólo están causando problemas y retrasos en su vida, es de suma importancia que en vez de alejarse, ignorar o evitar sus miedos empiece a enfrentarlos y una de las mejores maneras para hacer esto es empezar a asociar sus miedos con resultados positivos en lugar de con resultados negativos sin ningún fundamento, de esta manera no está ignorando o eliminando el miedo, simplemente está suprimiendo su conexión con aspectos negativos, aunque es verdad que la ausencia del miedo no garantiza su éxito, sí puede tener la certeza de que si no aprende a enfrentarlos no podrá alcanzar el éxito ya que estos tendrán en usted un efecto mortífero que no le permitirá avanzar en su vida. Si verdaderamente desea alcanzar sus objetivos en la vida está en la obligación de superar sus temores, empiece por tener más confianza en usted mismo, tenga plena convicción de que tiene la capacidad necesaria para tomar decisiones y ejecutar acciones, todos los temores pueden ser superados siempre y cuando tenga confianza en sí mismo y en sus propósitos, al estar claro en lo que quiere y tomar acciones masivas podrá sin problema superar todos sus miedos.

CAPÍTULO 5
MAXIMÍZATE AL MÁXIMO

EL CONOCIMIENTO NO TIENE LÍMITES

El conocimiento es algo a lo cual no se le puede poner límites, es imposible saber de todo y, por lo tanto, siempre hay algo que aprender, en
su desarrollo como oveja negra tiene que tener este aspecto sumamente
claro ya que el día que erróneamente suponga que se las sabe todas
cerrará muchas puertas que lo podrían llevar a nuevas oportunidades,
de modo que es importante que no se limite usted mismo, vivimos en el
mundo de la información y todo lo que deseemos saber ahora, más que
nunca, está al alcance de nuestras manos.

Aunque hay quienes mantienen que el conocimiento es poder, nunca he
estado completamente de acuerdo con esta idea, ya que si es verdad que
es fundamental en su desarrollo tanto personal como en su desarrollo
como persona de negocios, este constituye solo un poder potencial por
cuanto para lograr hacer algo tiene que definitivamente ir acompañado
de acción. El conocimiento es el fundamento que ha puesto a nuestra
disposición los avances que se han alcanzado hasta los momentos en las
diferentes áreas del saber, nos ha permitido ser más capaces, más sabios,
definitivamente nos ha convertido en seres superiores en nuestro pla-

neta; si usted está dispuesto a adquirir una adicción en su vida, asuma de inmediato ser adicto al conocimiento y esa adicción será permanente ya que nunca estará satisfecho. El conocimiento constituye el arma más poderosa al momento de salir a luchar sus propias batallas en la vida. El simple hecho de saber aplicar sus conocimientos de manera correcta puede constituir la gran diferencia entre el éxito y el fracaso, conocimiento se refiere simplemente a la condición de saber algo, lo cual suena muy sencillo pero la realidad es que él está constituido por un universo infinito de información que sólo puede ser adquirido a través de la educación y la experiencia; el conocimiento es uno de los factores principales que lo ubicará claramente en el grupo de ovejas al que usted pertenece, representa el lente que le permitirá distinguir con toda propiedad lo bueno de lo malo y contar con la facultad de decidir cuál es el mejor camino a tomar, le proporcionará objetividad a la hora de juzgar situaciones; el alcance y poder que puede proporcionar el conocimiento es ilimitado y es lo que verdaderamente le permitirá alcanzar las metas que se proponga en cualquier área de su vida.

Tenga siempre presente que el éxito no es para aquellos más inteligentes sino para aquellos mejor preparados, y no hay otra manera de prepararse que adquiriendo conocimientos; aunque no lo crea, la mayoría no entiende la importancia ni el impacto positivo que puede tener en sus vidas el contar con los conocimientos necesarios, el simple hecho de que usted entienda esa importancia ya representa una gran ventaja respecto al resto de la gente.

El conocimiento ya no está, como lo fue en otra época, limitado a un salón de clase, a lo que le dicta un profesor, o a lo que está escrito en los libros; en el mundo moderno existen muchísimas opciones y diferentes maneras de aprender algo nuevo, tenemos acceso a ambientes de conocimiento, seminarios, charlas, conferencias, etc., que nos dan la opción de tomarlos en persona o simplemente desde la comodidad de nuestras casas, en forma virtual, a través de nuestras computadoras; ya no estamos obligados a leer un libro, ahora tenemos la opción de escucharlo por medio de Internet entre muchos otros métodos que han surgido en la actualidad, podemos tener acceso a cualquier tipo de información que estemos interesados en adquirir, por lo tanto, si quiere tener éxito ármese de conocimientos lo que lo pondrá en la lista de los más preparados disponiendo así de la sabiduría necesaria para tomar las medidas o acciones que lo llevarán al éxito en cualquier área de su vida

VENTAS

En el mundo de hoy y especialmente en la sociedad de la oveja blanca se han menospreciado dos de las habilidades fundamentales tanto para nuestro crecimiento personal como para nuestro crecimiento financiero, hasta el punto de que no parecieran ser necesarias para nada, me refiero a las habilidades de vender y al arte de negociar, nos guste o no, todos somos vendedores, todos somos compradores, o sea, podríamos decir que todos, en algún momento, somos negociantes sin importar el ámbito en que nos desenvolvamos.

No obstante, no a todo el mundo le gusta ejercer como vendedor ya sea porque en esta sociedad se maneja la idea de que el vendedor es aquel fastidioso que está detrás de ti intentando sacarte el dinero, o bien, debido al temor de ser rechazado que sufre quien intenta vender. Pero para nosotros, como ovejas negras y atendiendo a la innegable relevancia que tienen las ventas en las muchas áreas de nuestra vida es mandatorio aceptar su importancia y conferirle a esta práctica la prioridad que ella se merece, en consecuencia, es necesario empezar a conocer las técnicas asociadas con tal práctica.

Aunque muchas técnicas se han formulado en el área de ventas no existen leyes escritas acerca de cómo estas deben ser aplicadas, por lo que cuando nos refiramos a ventas tendrá usted la libertad de aplicar las técnicas que considere necesarias para el caso o, en su defecto, utilizar aquellas con las cuales se sienta más cómodo. Cuando practique el arte de la venta le garantizo que en cada una de las situaciones que enfrente como vendedor tendrá la posibilidad cierta de aprender algo nuevo; siendo más específico, siempre podrá ser pionero de nuevas técnicas, desarrollar nuevas habilidades o simplemente mejorar las existentes.

Las ventas al igual que las negociaciones son habilidades disponibles que se pueden alcanzar y desarrollar a través de la práctica, lo cual quiere decir que no son únicas y exclusivas de los más inteligentes o los más exitosos, están al alcance de cualquiera que simplemente tenga el deseo de desarrollarse y capacitarse en el área; el solo hecho de desarrollar la habilidad de vender, le abrirá la mayoría de los caminos que lo llevarán a superarse económicamente. En este caso no importa si trabaja para una persona, una corporación o es dueño de su negocio, tenga siempre en consideración que cuando trabaja en el área de ventas no existen límites, no se encontrará con un jefe que le exija no vender tanto, y de ser el caso definitivamente ese no es el sitio donde desea o debe estar, sin importar si está dando los primeros pasos como empresario o está en pleno crecimiento su negocio, las ventas formarán parte esencial en su desarrollo financiero, como dueño de compañía estará siempre involucrado, queriéndolo o no, en el área de ventas.

Las ventas por naturaleza no tienen carácter maligno, en verdad el catalogarlas como malas o buenas depende más de su criterio que de otra cosa, entendamos que pasamos mucho de nuestro tiempo vendiendo, consciente o inconscientemente, y no me refiero a vender objetos materiales, hablo de la venta de ideas. Cuando tenemos una conversación con nuestra hija acerca de la hora que debe llegar a la casa, ¿qué está pasando?, estamos, sin darnos cuenta, en una negociación en la que ella le está vendiendo la idea de llegar a cierta hora y usted le está vendiendo la idea de llegar más temprano, es decir, cada uno está vendiendo; lo mismo sucede cuando está tratando de llegar a un acuerdo respecto a donde ir de vacaciones: ella desea ir a la playa y usted quiere ir a la montaña, en ambas situaciones hay solo una opción: vender o que le vendan. Por lo que le recomiendo que si quiere tener ventaja en este tipo de situaciones aprenda lo antes posible a vender sus ideas.

Por otro lado y siguiendo en el tema de la venta de ideas, ¿quién no ha tenido en algún momento de su vida la idea del millón de dólares?, pero los que verdaderamente alcanzan el éxito con esta o con cualquier otra idea son aquellos que no sólo ejecutan sino también que son capaces de venderles tal idea a los demás, por tal motivo es que vemos negocios tan productivos donde la presentación juega un papel más importante que, incluso, el producto ofrecido, si no cree que es cierto pregúntese cómo es que McDonald vende tantas hamburguesas no siendo las mejores o las más sanas en el mercado, o cómo es que Coca Cola está en la lista de las bebidas más vendidas a nivel mundial cuando no es la mejor ni la más saludable; estos son sólo dos ejemplos entre muchísimos que podríamos tomar con la intención de confirmar que el vender una idea constituye una actividad fundamental en el éxito de su empresa.

NEGOCIACIÓN

Usted como oveja negra tendrá la obligación de mejorar continuamente el arte de la negociación ya que es una práctica que formará parte de su vida cotidiana y, específicamente, en materia de negocios constituirá un factor decisivo para alcanzar el éxito. Cuando usted decide dejar el rebaño se enfrenta a muchísimos desafíos; todo empieza con una idea y materializar esta idea en el mundo real generalmente no es fácil, desde ese momento en adelante una de las habilidades que seguramente necesitará es la habilidad de negociar, como oveja negra que es, usted posee, implícitamente, la habilidad de negociar, pero esto no significa que no requiera perfeccionar dicha práctica, en verdad es determinante que se convierta en un maestro en este arte ya que esto, obviamente, facilitará el alcance de sus metas financieras porque a través de la negociación podrá reducir los conflictos y mejorar las relaciones entre las partes negociantes.

Para entender mejor el concepto de negociación debemos admitir que el mismo es parte del proceso que permitirá a las partes involucradas llegar a un acuerdo. El proceso de ventas está dividido en tres partes que tienen que trabajar en armonía para lograr los mejores resultados, por lo que es necesario conocer y comprender sus características, diferencias y el manejo de cada una de ellas, estas partes son: primero, la venta; segundo, la negociación y tercero, el cierre.

La venta es la etapa del proceso donde usted tiene que convencer a la otra parte de que un producto, servicio o idea constituye la mejor opción para ella y que usted representa la oportunidad para adquirir o aplicar lo que se está vendiendo; una vez que la otra parte está convencida o de acuerdo con lo que se presentó en la etapa de la venta, comienza un nuevo proceso conocido como negociación, en el cual las partes intentan llegar a un acuerdo en cuanto a los términos de dicha venta; una vez concretado algún tipo de acuerdo, se debe pasar a la etapa final del proceso la cual llamaremos el cierre, que no es más que la ejecución o materialización de los acuerdos a los que se llegó en las etapas anteriores.

Entendiendo la diferencia entre estos tres puntos lograremos mejores resultados ya que seremos más eficientes en cada una de las etapas, podremos reconocer cuándo se terminó la etapa de ventas, lo que significa dejar de vender para empezar a negociar los términos y una vez que lleguemos al acuerdo en esta etapa tendremos que asegurarnos de concretar lo acordado, es decir, el cierre, que significa consumar o terminar el proceso.

Esta práctica no se limita única y exclusivamente al área financiera, también forma parte del proceso de interacción con otros en nuestro día a día, para apreciar su aplicabilidad en diversas áreas vamos a analizar dos casos pertenecientes a ámbitos muy disímiles, el primero en el área financiera y el segundo en nuestra vida cotidiana.

En el primero de los casos, referido al área financiera, supongamos que somos parte en una transacción relacionada con bienes raíces, específicamente una casa: en la primera etapa del proceso deberá convencer al comprador de que su producto es el mejor exponiéndole puntos como podrían ser que esa es la casa perfecta para él por estar en el vecindario perfecto, cerca de la escuela perfecta, con los acabados perfectos o cualquier otro motivo que pueda ser vinculante en la decisión del cliente; una vez culminada esta etapa comenzará el proceso de negociación en el cual se discutirán los términos y se tratará de llegar a un acuerdo en ese sentido; aun cuando la mayoría piense que el único y más importante aspecto por negociar está reflejado en el precio, usted, como oveja negra y buen negociador que es debe estar claro en que existen otros aspectos de importancia relacionados con el precio los cuales pueden ser negociables, como podrían ser pagos parciales, o que se incluyan en el precio otras cosas como podrían ser bienes muebles o la fecha de cierre de la negociación, entre muchos otros puntos. El hecho de que el cliente esté de acuerdo con los términos propuestos por usted, y usted, a su vez acepte las propuestas que él haga, es decir, el que haya coincidencia en las propuestas de ambas partes, constituye el cierre del proceso.

Ahora, si fuese el caso aplicar dicha práctica a nuestra vida cotidiana imagínese una conversación con su pareja en la que usted intenta venderle la idea de salir a comer carne en un restaurante cuando ella más bien desea permanecer en casa, a menos que la cena sea en un restaurante de comida mexicana; el simple hecho de querer complacer a su pareja lo puede llevar a ceder en su posición y considerar o, incluso, aceptar quedarse en casa, pero en este caso ella aceptó salir a comer, es decir, usted ya hizo la venta; culminada esta etapa, empieza la etapa de negociación donde usted podría proponer algo como: "bien, si vamos a ir a comer comida mexicana como tú quieres, podríamos hacerlo en el restaurante ABC donde yo sé que también sirven carne de buena calidad"; de llegar a un acuerdo sólo queda cerrar el trato e ir a disfrutar una linda velada con su pareja en el restaurante ABC donde ella estará contenta de comer comida mexicana y usted se sentirá bien por contar con la opción de comerse un buen corte de carne.

El ser un buen negociador no significa que las cosas siempre tienen que salir a su favor, muchas veces debe enfocar su atención en llegar a un acuerdo que beneficie a las dos partes, uno de los factores determinantes para convertirse en maestro en materia de ventas, negociaciones y cierres está en su capacidad de comunicarse, el ser un buen comunicador es pieza clave en este proceso y por este motivo considero importante que hablemos de esta materia en la siguiente parte.

COMUNICACIÓN

La comunicación consta de tres elementos o fases: la emisión del mensaje, el mensaje mismo y la recepción de ese mensaje, a esta última fase hay que agregarle que es necesario que el mensaje pueda ser interpretado, es decir, comprendido; si esta característica no está presente, el proceso de comunicación no se realiza, esto debido a la ausencia de un factor fundamental en el proceso de comunicación que podría quizás ser el más importante y que está relacionado con la comprensión, nos referimos a saber escuchar, el saber escuchar nos proporciona la capacidad de recibir e interpretar con precisión los mensajes que se transmiten en el proceso de comunicación, no es posible comprender si no sabemos escuchar, si no cultivamos esa capacidad los mensajes recibidos serán incomprendidos y, como consecuencia, la comunicación no será efectiva.

Por ello el desarrollo de habilidades, entre ellas, escuchar, en materia de comunicación es determinante en todos los aspectos de su vida, esta es una facultad que debe estar en permanente desarrollo, nunca es demasiado tarde para empezar a cultivar sus habilidades como comunicador, esto le permitirá hablar adecuadamente con todo tipo de persona; a medida que avanza tanto en el área financiera como en su vida personal tendrá que paralelamente mejorar e incrementar sus recursos como comunicador, por lo tanto, tendrá que trabajar en su capacidad de hablar (comunicar) mejor, escuchar mejor y hacer las preguntas adecuadas, esto, entre otros aspectos.

La forma en que las personas se comunican tiene un impacto significativo en el desarrollo de sus vidas, la importancia de esta habilidad es tan grande que en el caso de las ovejas negras puede determinar si finalmente llegará a ser exitoso o fallará en el intento. En el ámbito de las comunicaciones se suele subestimar el gran poder que tienen las conversaciones, si bien es una de las formas más básicas de comunicación que existe, no es la única, gran parte de la comunicación no es verbal, el lenguaje corporal también constituye un factor de gran importancia en el proceso de comunicación, por este motivo es que aprender y dominar el lenguaje corporal es indispensable para obtener mejores resultados al intentar comunicar algo.

A medida que avanza en su camino al éxito el papel que juegan las habilidades de comunicación aumenta, la capacidad de hablar, escuchar y preguntar constituye parte esencial de su crecimiento, como en cualquier otra habilidad si quiere llegar lo más cercano a perfeccionarla está obligado a practicarla continuamente.

Uno de los factores en común con el que cuentan todos los líderes, sin importar en qué área se desempeñen, radica en la gran capacidad que tienen para comunicarse efectivamente con los demás. Para que la comunicación sea más efectiva se recomienda intentar hacer alguna conexión personal con su audiencia con la finalidad de crear algún tipo de empatía, confianza y hacer que el individuo o los individuos con quienes se comunica se sientan más tranquilos, esto también le permitirá moldear su mensaje de la mejor manera para adaptarlo a quienes le escuchan aumentando así las posibilidades de una comunicación efectiva. Teniendo claro que la comunicación es la forma más común e importante de interacción con los otros, estamos en la obligación de mejorar per manentemente esta habilidad ya que va a ser fundamental cuando intentemos vender o compartir nuestras ideas sea con nuestros familiares, amigos, nuestro personal, miembros del equipo o clientes y, en general, con cualquiera a quien intentemos transmitir nuestro mensaje, además las comunicaciones nos darán la oportunidad de influir en la creencia, actitud, intención, comportamiento o motivación de un individuo. Todo esto es lo que conocemos como persuasión, por suerte para todos nosotros la persuasión como cualquier otra habilidad se puede aprender y mejorar mediante el estudio y la práctica continua, la clave de cómo persuadir a los demás está en descubrir cuál es su verdadera motivación, una vez que logremos identificar el factor o los factores de motivación de la otra parte podremos usar estos elementos a nuestro favor.

Su capacidad para comunicarse, persuadir, influir, negociar y, en general, interactuar efectivamente con otros individuos es lo que le permitirá convertirse en aquel ser exitoso que tanto desea ser, siempre y cuando mantenga el enfoque en lo que pretende alcanzar.

ENFOQUE

Otro de los factores fundamentales para alcanzar el éxito lo constituye el enfoque, si no nos mantenemos enfocados en nuestros objetivos, estrategias, ejecución y, en general, orientados hacia nuestras metas, estas se verán afectadas negativamente; para lograrlo es obligatorio mantenernos alejados de las distracciones que existen en nuestro medio ambiente como lo son las redes sociales, celulares o video juegos, televisión, textos, llamadas o mensajes telefónicos, por nombrar algunas de una innumerable lista de distracciones que siempre parecen estar a la mano. El enfoque es el que nos permite desarrollar todo nuestro poder a la hora de aprender, memorizar, razonar, solucionar problemas y, por supuesto, en el proceso de tomar decisiones, en otras palabras, el enfoque es vital en el proceso de elaboración de nuestros pensamientos.

El enfoque constituye otro de los factores que tienen en común todos aquellos que alcanzan y mantienen el éxito, y el factor común es una firme determinación de alcanzar sus objetivos, el simple hecho de reducir los tiempos que dedican a actividades que los distraen se transforma automáticamente en tiempo que puede ser invertido en actividades que los ayudan a avanzar hacia sus objetivos, esta simple práctica ya les da una gran ventaja en cuanto a su competencia se refiere, dedíquele usted menos tiempo a este tipo de actividades improductivas y propóngase como meta eliminarlas de su día a día para ser lo más eficiente posible con su limitado tiempo, así logrará desarrollar todo el potencial poder que encierra el enfoque.

El éxito no siempre se basa en trabajar duro o en trabajar más, para lograrlo su mirada en todo momento tiene que estar dirigida a ser lo más efectivo y productivo posible, y para que esto suceda el enfoque juega un papel fundamental en este proceso. En la sociedad de las ovejas blancas se considera como una súper habilidad el poder hacer múltiples tareas al mismo tiempo, sin darse cuenta de que si no nos enfocamos en una tarea específica estaremos malgastando nuestro esfuerzo; muchos en el intento de independizarse y buscar mejorar su vida, al dar ese paso que los convierte en oveja negra, arrastran esta ideología ignorando que con esta práctica lo único que están logrando es ser menos efectivos y, en consecuencia, alejarse de los resultados deseados.

Tiene que tener claro que la habilidad no radica en hacer diferentes tareas al mismo tiempo sino que, por lo contrario, está en poder enfocarse en una sola tarea al mismo tiempo, darle a esa tarea lo mejor de usted y evitar ser distraído por otras actividades, ya que cuando enfoca su atención y su poder mental en una tarea específica le está proporcionando a su cerebro el tiempo de pensar únicamente en un objetivo, cuando enfoca el poder de su mente en ese objetivo suceden cosas sorprendentes: tomamos las mejores decisiones, analizamos mejor nuestras posibilidades y generamos grandes ideas, por todo esto es que es de suma importancia enfocar su mente en los temas deseados y mantener bajo control su inquietud y tendencia a cambiar constantemente de un tema a otro.

Tenemos entonces que cada tarea necesita atención independiente para lograr un desempeño exitoso, si no logramos enfocarnos de manera efectiva es imposible aspirar a tener pensamientos efectivos, el rendimiento de nuestro tiempo dependerá de las elecciones que hagamos día a día, por lo tanto, es recomendable reconocer y mantener una lista de prioridades para poder filtrar las actividades que son importantes y las que no lo son, y de esta manera enfocarnos en lo que es vinculante a la hora de ir tras nuestros objetivos. Sin saber la dirección que tomaremos o sin identificar las prioridades podemos perder nuestro tiempo en actividades vacías en un día normal, de esta manera empiezan a pasar los días, semanas, meses y, muchas veces, años sin que avancemos en la dirección al éxito por estar distraídos en actividades destructivas, las denomino así porque, queriendo o no, eso es exactamente lo que hacen, destruyen nuestro futuro y muchas veces sin darnos cuenta caemos en ese juego que no tiene nada que ver con nuestros planes y nos mantiene alejados de nuestros objetivos finales.

EL TRIDENTE DEL ÉXITO

Aunque es verdad que todo empieza con una idea, sin materializar o llevar esta idea al mundo real no lograremos nada, por tal motivo es que en este punto me gustaría hablar de la mejor manera que existe para lograr que esto suceda, personalmente lo denomino "El triángulo del éxito" y consiste en lo siguiente: preparación, organización, ejecución.
La preparación consiste en educarse, buscar toda la información necesaria y de esta manera contar con los conocimientos esenciales para tomar decisiones y así poder avanzar en nuestro camino al éxito, teniendo siempre en cuenta que el éxito no está reservado para los más inteligentes sino para aquellos que se preparan mejor, lo que significa que todos tenemos la oportunidad de alcanzar el éxito; este grupo de personas, que muchos consideran que están en niveles muy altos, no son dioses ni seres superiores, la única diferencia entre ellos y aquellos que los ven desde abajo es que, entre otras cosas, estos individuos se tomaron el tiempo para prepararse y adquirir mejores y mayores conocimientos en el área en que se desenvuelven.

Es la educación la que le permitirá romper cadenas y liberarse de todas esas creencias sin fundamento que existen en la sociedad de las ovejas blancas, el conocimiento es lo que lo ayudará a desarrollar una perspectiva única de todo lo que lo rodea, la educación es la que le permitirá ver con claridad todo lo que existe a su alrededor y de esta manera ampliar su criterio con respecto al mundo; alcanzar el éxito dependerá en grandísima parte de sus conocimientos, su visión y criterio de la vida, y la única forma desarrollar y mejorar estos tres elementos es por medio de la educación.

Esto nos lleva a nuestra segunda punta de ataque, la organización, que consiste en crear un plan de trabajo, un mapa que nos muestre el camino a seguir para llegar a la meta que nos hemos fijado, sin este mapa será muy fácil perdernos o desviarnos de nuestro objetivo final. Crear un plan de trabajo es fundamental para alcanzar el éxito por cuanto nos permitirá mantenernos enfocados en nuestras prioridades, claro, esto no significa que este mapa no pueda ser modificado o adaptado según sea conveniente una vez que empecemos a avanzar hacia nuestras metas, de por sí la adecuación del plan de trabajo a las diferentes variables que surjan será fundamental para alcanzar la meta propuesta.

Y el tercer paso, en mi criterio, el más importante, es referente a la ejecución, ya que no se trata sólo de tomar acción sino de tomar acciones masivas, no se trata de hacer un poco todos los días; si quiere acelerar el logro de sus metas cualesquiera que estas sean, tiene que tomar acciones masivas y hacer todo lo que pueda en cada minuto, cada hora, cada día, cada semana, cada mes y cada año con la intención de alcanzar todos sus objetivos. El tomar acciones masivas en todas las tareas es la única forma de acelerar al máximo el alcance del éxito financiero o de cualquier otra meta que tenga como objetivo, sólo encontrará el éxito cuando conscientemente decida dónde y cuándo va a comenzar su viaje; desde ese lugar y momento sus acciones decidirán su futuro. Prepararse no significa leer un artículo o un libro, usted debe, tiene, que tomar acciones masivas para informarse o educarse lo más que pueda, se trata de leer todos los artículos que pueda, todos los libros que pueda, de hacer todas las preguntas que quiera y pueda si tiene a su alcance a las personas adecuadas, esto entre otras muchas formas que existen de prepararse; organícese y cree un plan de trabajo y enseguida tome acciones masivas en todos los puntos incluidos en dicho plan, tenga presente que alcanzar el éxito ya no es un secreto para nadie, entonces hacer su sueño realidad dependerá única y exclusivamente de usted. Tengo la plena convicción de que estos tres puntos son fundamentales en el desarrollo de su vida, por lo tanto, estamos obligados a hablar más extensamente de cada uno de ellos.

CAPÍTULO 6
ES NECESARIO

PREPÁRATE

Todo empieza con una idea, pero lo que verdaderamente importa es el proceso que sigue, una vez que se tiene la idea de lo que se quiere hacer el primer paso a seguir debe ser prepararse por medio de la educación o adquisición de toda la información que se pueda obtener referente o vinculante con ese tema específico, esto nos ayudará a fortalecer nuestro criterio y de esta manera poder construir opiniones, tomar decisiones y crear nuestro propio punto de vista referente al tema en cuestión; el conocimiento tiene un valor incalculable, hasta el punto de que a veces es todo lo que se necesita para empezar su propio negocio, el conocimiento le puede proporcionar oportunidades más allá de su capital o sus relaciones, la mayoría de las ovejas blancas manejan el concepto de que la educación o el aprendizaje culmina en la escuela secundaria o en su defecto en la universidad, lo cual no puede estar más lejos de la realidad ya que el aprendizaje forma parte de nuestro desarrollo personal y, por lo tanto, este proceso dura toda nuestra vida, todos los días aprendemos algo nuevo, y no me refiero a sólo una cosa, en verdad todos los días estamos expuestos a un sinnúmero de informaciones nuevas y depende de usted si la utiliza y la asimila para su bienestar o simplemente la ignora cerrando así el proceso de aprendizaje.

La educación es la manera más rápida de adquirir conocimientos, y aunque es verdad que esto puede lograrse por medio de la experiencia este proceso puede durar años y la educación es un medio de agilizarlo, por lo tanto, la misma es una pieza fundamental en su camino al éxito. Es una pena que muchas ovejas blancas no puedan reconocer su importancia o estén convencidas de que la educación es para un grupo privilegiado, lo cual se aleja de la realidad, ya que la Internet le da acceso a información infinita sin distingo de raza, religión o posición económica; todos, absolutamente todos tenemos acceso a este tipo de información y dependerá única y exclusivamente de usted el tomar provecho de dicha fuente infinita de conocimientos, es importante para su desarrollo financiero que entienda el poder potencial que proviene del conocimiento, por lo tanto, empiece a usar todos sus recursos para aprender y colectar toda la información que le sea posible, el simple hecho de darle rienda suelta a su curiosidad y alimentar su apetito por adquirir conocimiento tendrá un impacto gigantesco en su camino al éxito, deje a un lado el pensamiento de que el éxito financiero es para los más inteligentes y entienda que este tipo de éxito es reservado para los mejores preparados, su deseo de aprender puede ser incluso muchísimo más poderoso que la inteligencia natural o capacidades que puedan tener otros individuos, por lo tanto, no le dé más largas al asunto y empiece a acumular toda la información que le sea posible de aquí en adelante, tenga claro que la edad, el género o su educación actual, entre otras características, no constituyen ningún obstáculo cuando nos referimos a la capacidad que tiene de acceder al conocimiento.

Cultivar su educación aumentará infinitamente sus posibilidades de alcanzar el éxito, la educación financiera es la vía para lograr tener en sus manos su futuro ya que es la única manera de controlar cuántos ingresos podrá obtener, mientras mayor sea su educación financiera mayores serán sus posibilidades de incrementar sus ingresos, tenga siempre presente que más importante que aprender simplemente algo es aprender algo real y verdadero, por lo tanto, asegúrese ya de que sus fuentes sean las correctas, bien sean personas, libros, experiencias u otras, la información errónea puede ser fatal al momento de tratar de alcanzar sus éxitos.

Así que lo mejor que puede hacer con su tiempo libre es invertirlo en la adquisición de nuevos conocimientos, ya que de esta manera mejorará su rendimiento lo cual tendrá un efecto positivo en sus resultados; mientras más conocimiento sobre una determinada situación tenga en sus manos le será mucho más fácil enfrentar cualquier obstáculo que se le presente. En conclusión, hay algo que le puedo asegurar con toda propiedad, y es que sus probabilidades de tener éxito en cualquier área aumentarán de manera drástica en la medida que incremente su conocimiento sobre ese campo; le será difícil competir con otros en el área financiera si no cuenta con los mismos recursos que ellos tienen; en materia financiera siempre estará compitiendo y que las probabilidades de ganar el juego estén mayoritariamente a su favor radicará en el conocimiento que usted posea acerca de la materia.

ORGANÍZATE

Un plan de negocio es una herramienta indispensable al momento de desarrollar su idea cualquiera que esta sea, se trata de la representación de un mapa que le enseñará el camino cierto al destino que usted desea alcanzar, es importante que establezca en su plan una visión clara de crecimiento y todos los pasos y acciones necesarios para lograr lo que quiere, este plan constituye la estructura organizativa de su idea, la esencia de este mapa es definir y desarrollar lo que se espera hacer, el propósito, la dirección y los pasos a seguir para avanzar en el proyecto, es decir, este tiene que contar con objetivos y metas específicas, originalmente un plan de trabajo no es perfecto y de por sí nunca logra serlo, por lo tanto, es obligatorio que se reflejen en él los cambios que le posibiliten adaptarse a las diferentes situaciones que resulten variables en el futuro, un plan de negocios actualizado es vital para el desarrollo real de sus ideas.

Un buen plan de negocios lo ayudará a mantenerse enfocado en sus prioridades, en todas las acciones específicas y necesarias para que sus ideas tengan éxito, lo que traerá como consecuencia un proceso más eficaz cuando se trate de alcanzar sus objetivos. Comparta su estrategia, acciones y objetivos con su equipo de trabajo con la finalidad de que todos estén en la misma página, sea lo más objetivo que pueda y formule presupuestos al igual que tiempos en los cuales se tienen que cumplir tales acciones. Cuando me refiero a este tema, aunque lo he nombrado así anteriormente en este texto, no me gusta llamarlo 'plan de trabajo', ya que de esta manera lo podría estar limitando única y exclusivamente a los negocios, cuando en verdad la preparación, organización y ejecución constituyen la manera más eficaz de llevar a cabo cualquier idea sin importar el área de que se trate; el organizarnos nos proveerá de una clara visión de nuestra capacidad futura. Se dice, con certeza, que si uno no planifica el único plan será fracasar.

La planificación no tiene que ser algo súper complicado, siguiendo esta idea puede representarla simplemente como un documento que describe detalladamente lo que desea hacer y cómo planea lograrlo sin importar lo complejo o extenso que sea su plan de ejecución. Sí le recomiendo que todos los días en la mañana, antes de empezar su día, evalúe todos los objetivos que pretende cumplir ese día y analice las diferentes formas en que puede alcanzarlos hasta identificar aquella que a usted le parezca que es la más conveniente para el caso. Evaluar sus objetivos diariamente lo mantendrá enfocado en sus prioridades y al examinar las posibilidades de cómo podría hacerlo está abriendo la puerta a nuevas ideas con la intención de mejorar y poco a poco hacer de su sistema lo más eficiente que le sea posible, la planificación es absolutamente primordial en el proceso que lo llevará a alcanzar sus metas, tenga presente que las cosas grandes están compuestas de cosas pequeñas, por lo tanto, dividir los grandes objetivos en pequeñas tareas que le ayuden a avanzar hacia su meta definitivamente ayudará y agilizará el cumplimiento de su misión, le puedo garantizar que una vez que descubra el poder de la planificación esta empezará a formar parte esencial en todas las áreas de su vida.

En conclusión, existen muchísimos motivos por los cuales planear con anticipación en todos los aspectos de su vida es indispensable, por medio de la planificación lograremos ser más eficientes y precisos en nuestra productividad, esto sin dejar a un lado su importancia para mantenernos enfocados en cualquier momento y así eliminar cualquier distracción que nos quiera alejar de nuestro camino principal, no tenga duda de que tendrá que realizar ajustes en su plan de acción ya que existirán muchísimos factores variables a los cuales se tendrá que enfrentar y adaptarse para superarlos de la mejor manera posible; por todo esto, le recomiendo que no sólo empiece a planear sus próximos movimientos en el área financiera o en materia de negocios sino que también empiece a crear planes de acción para todos los objetivos que se propone realizar, bien sea en el ámbito financiero o en el ámbito personal, los cuales en algún punto podrá juntar, creando de esta manera un plan de acción para su vida.

EJECUTA

Ahora hablemos de mi etapa o fase favorita, se trata de "tomar acción", ya que, como lo he dicho antes, si es verdad que todo empieza con una idea, nada sucede hasta que no se toma acción al respecto, incluso cuando usted se prepara o estudia, cuando trata de colectar información, usted está tomando acción, cuando se organiza o trata de hacer un plan de ejecución, está tomando acción, y esa es la idea, tomar todas las medidas necesarias para aumentar sus posibilidades de alcanzar el éxito; es más común de lo que usted se imagina escuchar a ovejas blancas haciendo comentarios como: "algún día voy a tener mucho dinero, ya lo estoy visualizando", pues le puedo garantizar que visualización sin acción no lleva a nada, inevitablemente tiene que tomar acciones masivas si su intención es la de alcanzar sus objetivos, encontrará a muchos otros diciendo "algún día voy a tener mucho dinero ya que estoy seguro de que me voy a ganar la lotería", dejándolo todo al azar o a la suerte sin prepararse o hacer un plan de ejecución, claro que eso puede pasar, pero definitivamente las posibilidades no van a estar a su favor; existe otro grupo de personas que aunque toman acción y empiezan a prepararse, nunca se atreven a salir de esta etapa y comienzan a sufrir del mal llamado *análisis parálisis*, siguen estudiando, preparándose, analizando, coleccionando data sin atreverse nunca a crear un plan de acción y mucho menos atreverse a ejecutar el mismo, personalmente los llamo 'estudiantes profesionales' ya que esto es lo único que hacen, estudiar termina convirtiéndose en su profesión, analizar y seguir estudiando, tienen gran conocimiento en todo lo referente a la teoría pero por una u otra razón nunca se atreven a dar el paso y llevar la teoría a la práctica. Sostengo la teoría de que tomar acciones masivas es más importante que los mismos pensamientos o, en muchos casos, que la excesiva preparación, ya que la acción es la única manera de avanzar, de resolver situaciones y de lograr los objetivos que se haya trazado, siempre tenga claro que todo empieza con una idea o un pensamiento que usted puede plasmar en un papel y estudiarlo todo lo que quiera, pero si se detiene en este paso le puedo garantizar que no logrará nada, si no se decide a salir y tomar acciones masivas para hacer que su idea se haga realidad será muy difícil que esto suceda, no se trata de pensarlo demasiado, sólo se trata de dar ese primer paso que lo llevará a su meta y empezar a correr lo más rápido que pueda para llegar a esta lo antes posible, el éxito lo está esperando y sólo depende de usted el que lo alcance.

Sin importar la meta que se propuso alcanzar, es de suma importancia que tome acciones masivas lo antes posible y que después continúe haciéndolo con regularidad, avanzar es lo más importante, no deje que el miedo a cometer errores lo detenga en ningún momento, tenga presente que los errores no son otra cosa que oportunidades de aprendizaje en su viaje, este es el momento de dejar de pensar, de dejar de leer y empezar a tomar acciones masivas, pensar o meditar es importante en el proceso pero sólo logrará resultados una vez que empiece a actuar, el éxito en sí no tiene dueño ni le pertenece a nadie, no constituye otra cosa que una elección que hace uno mismo y una vez que toma tal decisión no queda otro camino sino tomar acción, estoy convencido de que tomar acciones masivas constantemente es el ingrediente más importante para alcanzar el éxito, puede ser que las acciones que tengamos que tomar no sean la opción más divertida o amena en las cuales deseemos invertir nuestro tiempo, pero si quiere alcanzar el éxito este es el momento en que debe dejar al niño juguetón de un lado y empezar a comportarse como un adulto, y de esta manera comenzar a hacer lo que necesita hacer para lograr sus objetivos, incluso si esto significa salir de su zona de confort. Al convertirse en una oveja negra usted deja de ser una criatura promedio, lo que significa ir más allá del punto donde el resto de la manada se detendría, significa hacer mucho más que lo que harían los demás bajo las mismas condiciones; una vez que haya seleccionado su objetivo o meta tiene que convertir el logro de ese objetivo en algún tipo de obsesión en la que esté mañana, tarde y noche, pensando y actuando en función de ella. Estamos hablando de su futuro, por lo tanto, tiene que ser la última cosa en la que piense antes de dormirse y lo primero en lo que piense al despertarse, no se trata de hacer una cosa una sola vez o cuando tenga tiempo, se trata de hacer el tiempo para lograr que esto pase, la mejor forma de predecir su futuro es construyéndolo y esto solo lo logrará por medio de la toma de acciones masivas.

PUBLÍCATE

Llegó el momento de tomar decisiones serias, es decir, decidir si desea hacer algo importante con su vida, si la respuesta es negativa siéntase en libertad de seguir viviendo en el mundo de las ovejas blancas, seguir viviendo en las sombras dominado por el miedo a ser criticado o, en su defecto, por cualquier otro miedo que no lo deja avanzar; pero de ser positiva la respuesta, es el momento de dejarle saber al mundo sus intenciones, déjele saber a todos que hoy es uno de los días más importantes de su vida ya que ha decidido tomar acciones positivas para hacer sus sueños realidad, sean cuales sean; no tenga miedo a ser criticado y termine de aceptar que las críticas siempre estarán presentes ya que para ser criticado basta con que usted esté haciendo algo, sólo el que no hace nada y vive en la sombra puede estar a salvo de las mismas, así que empiece a aceptar las críticas ya que tal vez algunas de estas lo podrían ayudar en su carrera al éxito. Usted posiblemente recibirá críticas constructivas, mas no pierda de vista que estas son la opinión positiva solo de un grupo determinado, y es muy posible que también reciba usted críticas destructivas, y es a ellas a las que debe prestarles la mayor atención, ya que pueden constituir la mayor y mejor fuente de información para corregir las posibles fallas que presente su proyecto.

Son más comunes de lo que usted se imagina los casos en los cuales los clientes se están quejando una y otra vez, por ejemplo, del servicio al cliente, y los dueños de compañía sólo ignoran estas quejas porque quizás para ellos su empresa cuenta con un eficiente servicio al cliente, luego, cuando las cosas no empiezan a salir como se planearon buscan el asesoramiento de los llamados profesionales en la materia, y lo sorprendente es que el profesional, que cobra muchísimo dinero, generalmente diagnostica que el único mal existente en la compañía es, precisamente, un mal servicio al cliente. Los dueños de compañía caen en este tipo de situaciones muy a menudo, suelen ignorar las peticiones de sus clientes hasta que un llamado profesional les valida tal situación. En mi opinión, los profesionales más idóneos para diagnosticar este tipo de situaciones lo integran personas o grupos directamente vinculados a la empresa, como podrían ser empleados, inversionistas o clientes.

Estamos en la era de la informática donde todo puede suceder a grandes velocidades, aproveche y tome ventaja de las redes sociales y déjele saber al mundo que hoy es el día en el que radicalmente empezará a tomar las acciones masivas y positivas necesarias para alcanzar los cambios que se propone, dígale al mundo que ya no les tiene miedo a las críticas y, que por el contrario, son bienvenidas. Está consciente de que las ovejas blancas sin hacer nada o haciendo muy poco se han convertido en expertas en la crítica, trabajo este que se toman muy en serio, siempre están pendientes de la vida de los demás para así emitir sus opiniones, sean constructivas o destructivas, sin importar las consecuencias, mientras que las ovejas negras están aquí para hacer algo y por este motivo serán inevitablemente atacadas continuamente por las críticas de la sociedad de las ovejas blancas, por esta razón es de suma importancia que en vez de no esperar críticas, lo cual sería un pensamiento muy ingenuo, usted, como oveja negra que es, esté preparado para las mismas y de esta manera pueda recibirlas, tolerarlas, procesarlas y, de ser el caso, tomar las acciones necesarias, siempre y cuando estas generen resultados positivos. Los estudios sostienen que sus posibilidades de alcanzar el éxito o sus metas aumentarán alrededor de cuatro veces más cuando realiza una declaración pública de las mismas y les deja saber a todos sus intenciones y sus metas. No estoy tratando de decir que es algo fácil, al principio puede resultar muy difícil, esto se debe a la falta de costumbre y a los miedos que dejamos que nos dominen en muchas circunstancias, pero lo reto a que lo intente y de esta manera podrá darse cuenta por sí mismo de que una vez que haga públicas sus intenciones sentirá una sensación de satisfacción, tranquilidad y, con esta, nacerá la valentía, empezará a crecer la confianza, aliada indispensable cuando se trata de alcanzar sus objetivos, es el momento de empezar a creer en usted mismo, llegó el momento de liberar a la oveja negra que existe dentro de usted y salir a luchar por aquello que verdaderamente quiere y que no me cabe duda de que realmente se merece.

POSITIVO

Para ganar, debe elegir ser un ganador, todo empieza con un pensamiento y ese pensamiento sin duda alguna tiene que ser positivo, hay quienes piensan que incorporar esta manera de pensar al estilo de vida funciona como un imán que atraerá cosas positivas hacia usted; yo difiero, creo que el pensamiento positivo lo que logra es limpiar tanto de su mente como del ambiente todos los factores negativos que nos rodean y que muchas veces no nos permiten ver aquellas cosas lindas y positivas que están en nuestro camino o a nuestro alcance. Una vez tomada la decisión de ganar no importarán los obstáculos que se atraviesen en su camino ya que su ruta está marcada, su enfoque no estará dirigido a lo difícil o grande que es determinado obstáculo ya que al haberse propuesto ganar o terminar la carrera, su enfoque y pensamientos estarán dirigidos a cómo superar aquellas cosas o situaciones que se le presenten con la única intención de frenar o parar su avance. La negatividad es uno de los males más antiguos que ha afectado y sigue afectando a nuestra sociedad ya que es altamente contagiosa y sumamente adictiva; los pensamientos, sean positivos o negativos, funcionan como lentes de aumento, si su pensamiento es negativo será sumamente difícil que empiece la carrera ya que su mente estará dirigida a lo difícil o casi imposible que será terminarla y, de ser el caso y empezar, lo más probable es que cuando se enfrente al primer obstáculo se detenga en ese punto ya que lo verá gigantesco e imposible superar, por eso, incorporar permanentemente pensamiento positivo a su vida es altamente recomendable, es imprescindible que empiece a visualizar sus actos, muchos llaman a esta disciplina meditación, en verdad no es importante como la llame sino lo importante es la práctica en sí, tome un momento todos los días y visualícese terminando la carrera, visualice lo fácil que será superar cualquier obstáculo no sólo por lo pequeño e insignificante que es sino porque usted cuenta con todas las herramientas y la capacidad necesarias para superarlo. Visualice el momento en que culmina la carrera y la sensación de satisfacción de la cual gozará al lograr tal cometido.

Para tener éxito en cualquier aspecto de su vida es mandatorio que los pensamientos positivos se conviertan en una práctica o hábito permanente de ahora en adelante. Las ovejas negras son por naturaleza positivas y debido a esta actitud es que nace y crece la confianza dentro de ellas, aunque las ovejas blancas las etiquetan de soñadoras y, muchas veces, de arrogantes, este tipo de críticas nacen por el simple hecho de no entender cómo funciona el pensamiento positivo; sus pensamientos, sean positivos o negativos, determinarán su actitud en la vida, lo cual tendrá un impacto determinante en los resultados de las diferentes pruebas o situaciones a las que se enfrente. Para lograr el éxito financiero o en cualquier aspecto de su vida tiene la obligación de eliminar la palabra fracaso de su diccionario personal ya que la misma no es una opción, tenga presente que su actitud positiva o negativa será contagiosa y, por lo tanto, podrá alcanzar a cualquiera de su círculo de influencia e, incluso, más allá, como podría ser su pareja, sus hijos, su personal de trabajo, sus clientes potenciales y actuales o, incluso, a sus inversionistas, sólo por nombrar algunos; sin ningún tipo de duda, al desarrollar una actitud y un enfoque positivos se sentirá más confiado y, por lo tanto, logrará tener más control sobre la situación, eso lo ayudará a tomar mejores decisiones lo cual generará un máximo rendimiento; con una actitud positiva empezará a irradiar energías también positivas las cuales son contagiosas y tendrán un impacto totalmente favorable en aquellos seres que tengan contacto con usted, los miembros de su equipo de trabajo rendirán más ya que se sentirán mejor y más comprometidos con sus tareas cotidianas, sus clientes estarán más dispuestos a adquirir sus productos, generará más confianza en sus inversionistas, por lo tanto, se sentirán más cómodos al invertir con usted, tenga en cuenta que los obstáculos o situaciones difíciles siempre estarán presentes en nuestra vida, por lo tanto, es indispensable que entienda que no están ahí con la intención de detenerlo en su camino al éxito, estos representan o son solo una invitación a su crecimiento y desarrollo a nivel personal ya que una vez superados los mismos usted se hará más grande y más fuerte mientras que los obstáculos se harán más pequeños y más fáciles de superar.

CAPÍTULO 7

MOTIVACIÓN

HAGA DE LOS ERRORES SUS AMIGOS

En este punto vamos a hablar del perfeccionismo y cómo puede afectar negativamente su camino al éxito, este es un mal común que sufren las ovejas negras tanto al principio como en el desarrollo sus carreras, al darle rienda suelta y total control a la oveja negra que existe dentro de usted se convertirá en un ser extremadamente competitivo, y por eso se suele cometer el error de creer que la excelencia y la perfección son la misma cosa, de ahora en adelante en todas sus actividades es obligatorio que sea excelente lo cual significa salirse de los parámetros estándar y dar, ofrecer o hacer mucho más, esto no quiere decir que sus actos o los factores que los rodean tienen que ser perfectos para poder avanzar o hacer algo, sería ingenuo pensar de esta manera ya que sin importar la excelencia de su trabajo o de sus actos siempre habrá espacio para mejorar, no existe el mundo perfecto, ni el clima perfecto, ni la persona perfecta o cualquier otro aspecto de perfección que esté buscando, no cometa el error que cometen muchas ovejas negras que por estar esperando o buscando la perfección terminan no haciendo nada, como dije anteriormente no le tenga miedo a los errores ya que estos pueden llegar a ser sus amigos, y esto depende de la manera como usted trate o asimile los mismos, si se detiene por el miedo de cometer un error terminará no haciendo nada, pero si por el contrario, actúa siempre con la premisa de que hay que proceder de la mejor forma posible al momento en que se presentan los errores, pues tiene que aceptarlos y aprender a través de ellos cómo solucionar, confrontar o evitar ciertas circunstancias.

Para entender un poco más de sobre este asunto analicemos estadísticas de algunos de los deportistas más famosos de la historia: tenemos a Michael Jordan, en su carrera promedió 49,7 por ciento en los tiros de campo, esto quiere decir que fallaba más de la mitad de los tiros que tomaba y, sin embargo, para muchos es considerado el mejor jugador de todos los tiempos en la NBA; en béisbol tenemos a Ty Cobb quien tuvo en su carrera 367 como promedio de bateo, lo que se traduce en que fallaba en más de 6 oportunidades de cada 10 veces que le tocaba batear y, sin embargo, conserva el promedio de bateo más alto que ha logrado mantener cualquier pelotero en la historia de las grandes ligas. Estamos hablando de personas que practicaron toda su vida para lograr tales hazañas y como podrá darse cuenta no están ni cerca de la perfección pero definitivamente fueron excelentes en sus áreas respectivas. Entonces, de ahora en adelante actúe con la conciencia de que los errores existirán a lo largo de su carrera, tanto los errores como los problemas son parte de la vida cotidiana, por lo tanto tenemos que aceptarlos y enfrentarlos en vez de ignorarlos, tenemos que aprender a asimilar las derrotas al igual que las equivocaciones, no se trata de ganar todas las batallas sino de obtener la victoria en las más importantes para así poder ganar la guerra, tenga siempre en su mente que algunas veces es mejor jugar el papel de tonto en una situación determinada o a corto tiempo para poder salir victorioso a largo plazo. No existe el dinero suficiente, la pareja perfecta o cualquier otro aspecto en la vida que lo vaya a mantener exento de cometer errores o de tener problemas.

Ante cualquier evento inesperado lo mejor es respirar profundo y nunca dejar que sus emociones influyan en sus actos o decisiones en el manejo de dicha situación. Al principio no es fácil, mientras logra dominar sus emociones es mejor tomarse un momento para no cometer el error muy común de tomar decisiones con la cabeza caliente de las cuales muchas veces terminamos arrepentidos, respire profundo, salga a caminar o, en su defecto, utilice cualquier técnica que lo ayude a calmarse ya que sólo en este estado podrá tomar las decisiones adecuadas o por lo menos actuar de la manera correcta. Muchos de los conocimientos más importantes que obtengamos en nuestras vidas serán aprendidos como resultado de errores cometidos ante situaciones determinadas; no tropezando con la misma piedra dos veces y aprendiendo a través de la experiencia es como logrará obtener la sabiduría necesaria para enfrentar y tomar las decisiones adecuadas cuando se presenten situaciones similares en el futuro.

CONVIÉRTASE EN ENEMIGO DEL PROMEDIO

Ya entendimos que el perfeccionismo es sólo una ilusión que podría afectar negativamente su rendimiento, pero hay algo que debemos querer ser todo el tiempo, es ser excelentes, de ahora en adelante está obligado a entregar lo mejor de usted en toda situación; mientras las ovejas blancas viven en un mundo en que el conformismo y lo normal predominan, usted, como buena oveja negra que es, tendrá que romper con estas limitaciones, su deber de ahora en adelante es salirse de lo ordinario brindando siempre su mejor esfuerzo para así escapar del área de lo ordinario y entrar en el área de lo extraordinario, que es el mundo donde las ovejas negras se desarrollan.

Veámoslo de otra manera: si usted es de aquellos que teniendo una tarea asignada recoge sus cosas a las cinco de la tarde y se va del trabajo sin darle la importancia que merece a esa asignación, no permita que su ego lo engañe haciéndole creer que usted es el mejor empleado de la compañía, o que usted trabaja más que lo demás, o que usted trabaja mucho; usted no es más que una oveja blanca sin ninguna intención de dar nada extra para ayudar a la causa en la que participa, algo tan sencillo como esto puede hacer la diferencia entre lo ordinario y lo extraordinario, quedarse unos minutos adicionales, aun cuando no sean reconocidos en su salario, y terminar la asignación, eso nada más no lo convertirá en una persona extraordinaria, pero sí verá que a la larga sus esfuerzos serán recompensados, la Excelencia es un hábito que todos podemos desarrollar, pero definitivamente hay que cambiar o eliminar ese dispositivo que se ha implantado en muchas cabezas que condiciona a pensar y actuar como ovejas blancas a diferencia de como piensan muchos de aquellos que logran alcanzar el éxito sin ser seres superdotados, ellos son seres como cualquier otro, lo único que los separa del rebaño es una visión, una manera de pensar y de actuar diferente a la ordinaria, desarrollan diferentes hábitos que cualquiera está en la capacidad de desarrollar y entre ellos está el hábito de la Excelencia. Estos seres están obsesionados en dar lo mejor que pueden en muchas áreas de su vida o al menos en ciertas áreas específicas y eso sin duda les da una gran ventaja en comparación con aquellos que se conforman con resultados ordinarios. Muchas ovejas blancas dedican bastante de su tiempo a seguir a otros, bien sea por televisión, social media o cualquier otro medio preguntándose siempre cómo hacen estos individuos para hacer todo lo que hacen, sin darse cuenta de que en realidad son iguales a ellos la mayoría de las veces, la diferencia radica en el extra, con esto me refiero a que mientras una oveja blanca vive en el mundo de lo ordinario, las ovejas negras agregando el valor que denominamos extra se convierten en seres extraordinarios lo que, la mayoría de las veces se traduce como Excelencia, sólo depende de usted determinar en qué forma quiere actuar en el mundo que lo rodea, en qué mundo se quiere desenvolver, es suya esa decisión, comience por entender que no depende de ninguna circunstancia externa como edad, sexualidad, nivel social, color, género, ni de ninguna otra excusa que haya puesto usted delante para justificar el ser ordinario, y termine de entender que ser extraordinario es una elección propia, lo que quiere decir que cualquiera puede decidir y desarrollar el hábito de la Excelencia, es decir, que cualquiera puede ser extraordinario, empiece a sumar ese factor extra al interactuar con otros seres, al pensar, al decir, al actuar ante diferentes circunstancias, este es un paso fundamental.

Si desea dejar de ser una oveja blanca, salir del mundo ordinario y convertirse en una oveja negra viviendo aun en el mundo de los ordinarios entienda que su actitud y no las circunstancias es lo que hará que esto suceda; al principio seguramente no será fácil porque va a tener que luchar contra formas de pensar y actuar que han sido sembradas en nuestro cerebro y nos hacen pensar y reaccionar de determinadas maneras, por lo tanto, necesita sentirse cómodo con la incomodidad, no necesita ser excelente de un día para otro en todas las áreas de su vida, recuerde que estamos tratando de crear un hábito y sólo por medio de la práctica podremos desarrollarlo, empiece por seleccionar qué área de su vida necesita mayor atención en el momento y concéntrese en poner toda su energía en esa área para de esta manera agregar aquel valor extra que lo llevará a ser excelente en dicho sector.

PIENSE EN GRANDE, AHORA MÁS GRANDE

Por algún motivo las ovejas blancas están convencidas de que el tema del dinero es un tabú del cual no se puede hablar y muchas de ellas, incluso, lo ven como algo maligno, por tal motivo el término codicioso ha adquirido un sentido negativo en esta sociedad. Si tengo que enumerar cinco de las grandes diferencias entre una oveja blanca y una oveja negra seguramente la codicia estará en esta lista, la codicia no significa otra cosa que el querer más, incluso si lo vinculamos con el tema de la riqueza o con un tema monetario. No veo dónde está el problema de querer más de alguna cosa, porque la mayoría de las personas, en ambas sociedades, quieren tener más tiempo libre para sí mismos o para disfrutar con las personas que aman, quieren tener más tiempo para desarrollar diferentes tipos de actividades, quieren tener una vida más sana, entre muchas otros deseos; pero las ovejas blancas si ven un problema cuando se quiere tener más dinero, en ese punto específico es donde parece existir la gran diferencia entre las dos tendencias, lo bueno y lo malo. Créalo o no muchas ovejas blancas ni siquiera tienen en sus pensamientos más remotos intentar hacer más dinero, he escuchado comentarios cómo "lo único que quiero es tener una vida simple, un trabajo qué me dé lo suficiente para pagar mis gastos", razonamiento que no logro entender ya que pareciera que estos individuos están convencidos de que una vida simple tiene algo que ver con ser pobre.

El otro día estaba en una reunión y una amiga se me acerca solicitando un asesoramiento en el tema de bienes raíces, con mucho gusto compartí con ella mis conocimientos sobre el área, estaba súper emocionada ya que la venta de su propiedad le produciría lo que para ella significaba una cantidad considerable de dinero; lo que me extrañó es que el esposo de mi amiga estaba sentado sin ni siquiera prestar atención a la conversación, simplemente como si no le importara, cuando se terminó la conversación y mi amiga se retiró, me acerqué al esposo y le pregunté: ¿Amigo, no te emociona el saber que van a recibir una cantidad de dinero por la venta de la casa, lo cual te va a dar la oportunidad de comprar una vivienda mejor?; pues debo decir que aún hoy la respuesta que recibí de este individuo me sorprende: "No, Víctor, en verdad a mí no me interesa si vivo en esa casa o en cualquier otra, no me interesa si nos vamos a ganar un dinero en la transacción, si la siguiente casa va a ser más cara ni nada de eso, si te digo la verdad soy alguien que estoy conforme con lo que tengo, no aspiro a más, ¿para qué?"

Aquella respuesta me dejó por unos segundos sin palabras, pensé: sin aspiraciones, sin expectativas, qué clase de individuo va por el mundo sin desear tener algo más, sin querer mejorar su vida no sólo por él sino por su familia, me atrevería a decir que hasta se convierte en una persona egoísta que sólo piensa en él sin ni siquiera considerar un beneficio para su esposa e hijos, este tipo de individuos está en todas partes, pareciera que ya están muertos por dentro, sólo van al trabajo a cumplir horario, sin ningún tipo de expectativas, es como si sólo están esperando cumplir con su tiempo en este planeta y más nada, no puedo ni por un segundo imaginarme lo vacías que deben ser las vidas de estas personas.

En contraste, usted se dará cuenta de que la codicia es uno de los factores más comunes que comparten las ovejas negras, siempre queremos más, siempre queremos ser excelentes en lo que hacemos, siempre estamos dispuestos a dar algo extra para intentar ser excelentes en el área que nos proponemos, este sentimiento de querer más y de ser mejores forma parte natural de nosotros y es uno de los motivos que nos impulsa a comportarnos de cierta manera. Por naturaleza pensamos en grande en todo momento, si el promedio es 5, nuestro gol mínimo, instantáneamente, lo ponemos en 10, pero como siempre pensamos más grande, nos proponemos llevar ese mínimo a 20; esto, me imagino, es lo que causa la ilusión para muchas ovejas blancas de que las ovejas negras son seres superiores, lo cual no está ni cerca de ser la realidad, ya que la única cosa que los separa de ellos es la manera en que asimilan la información y la manera en que actúan. Por lo tanto, le extiendo una invitación para que empiece a pensar en grande y, luego, más grande, si su meta está inicialmente en 10, conviértala, pensando en grande, en 15, y luego piense más grande y busque la manera de lograr que en el mismo tiempo sean 20; este es un ejercicio sencillo que creará en usted el hábito de pensar de esta manera, no existe nada malo en querer más de algo, no vivimos en un mundo de escasez, por lo tanto, empiece a partir de este instante a pensar en grande, esta es la única manera de pensar si quiere salir al mundo y lograr algo más.

LA VELOCIDAD CORRECTA

Otro dilema con el que se consiguen muchos se refiere al de la velocidad, he escuchado frases como: "paso a paso", "poco a poco", "se está cocinando", "la vida es un maratón, no una carrera", esos son, entre otros, argumentos y excusas que se utilizan para justificar el no haber cumplido con una meta; refiriéndonos específicamente al tema financiero este no es un maratón, es una carrera que no termina, en la que hay que participar a la velocidad máxima que nos sea posible, la velocidad está vinculada con el pensar en grande, en el mundo financiero priva la obligación de alcanzar las metas lo antes posible para poder empezar la siguiente fase de la carrera, sin embargo, hay quienes creen que eso no es así, piensan que no hay que ir muy rápido, que eso de estar haciendo mucho dinero se detiene en algún momento, si fuera así no existirían los millonarios, sólo imagínese a aquella persona de negocios diciendo: "…estoy haciendo mucho dinero, tengo que bajar la velocidad", un pensamiento totalmente absurdo; si eso funcionara deberíamos aplicarlo en cualquier área de la vida; pregúntese: ¿cuándo quiere usted ser más saludable, en algún momento futuro o ahora?, ¿cuándo quiere estar con el amor de su vida, con la familia o con los seres queridos, en algún momento en el futuro o lo más rápido posible?, entonces por qué tenemos que tratar las finanzas de otra manera. El momento es ahora, no después, el tiempo que tarde pensando en arrancar o en atacar la siguiente etapa es tiempo perdido y es irrecuperable, el ritmo de la vida financiera es muy rápido, cubierta una etapa tiene que abordar la siguiente inmediatamente, recuerde que está en una carrera, y el tiempo que tarde en pasar de una etapa a otra obviamente se reflejará en el resultado final.

Como es de esperarse, las ovejas blancas tienen cualquier cantidad de excusas para justificar el hecho de no avanzar en la vida, usted tiene que aprender a filtrar a aquellos seres que le dan consejos todo el tiempo, es muy común que si usted le está hablando a alguien de algún impedimento que está enfrentando para poder avanzar, este le diga algo como: "no te preocupes tanto", "ve poco a poco", y en su consejo no hay ninguna mala intención, solo que en su mundo hay normalmente una justificación o un motivo por el cual no se puede avanzar y por no ocurrírsele nada mejor, eso es lo que le transmite. No se deje influenciar por este tipo de consejo, no tiene que ser descortés con este individuo, sólo oiga sus razones y continúe buscando la manera de superar el obstáculo que está enfrentando, pero no lo deje para después, el momento es ya. Estamos en una era donde en materia de negocios la velocidad se ha convertido en un factor de suma importancia, debido al gran avance tecnológico que hemos tenido en los últimos años pareciera que hay más individuos mejor preparados, por ello, tenga presente siempre que usted no es el único en la carrera, así que el moverse cada vez más rápido tiene que ser una de sus metas, tiene que crear de esta práctica un hábito, cuando se trata de llegar al cliente está en la obligación de ser el más rápido, cuando se trata de realizarle una venta a una persona esta debe ser más rápida, si no lo hace así y deja que su competencia le gane todas las carreras tenga la seguridad de que le será muy difícil o imposible alcanzar sus metas financieras. El cliente no está sentado esperando por usted y esté seguro de que si alguien antes que usted convence a este cliente de que necesita un producto o servicio, pues él va a proceder a adquirirlo incluso sabiendo que usted ofrece lo mismo pero que por algún motivo nunca se lo ofreció, Se trata de estar en continuo movimiento, sea más rápido preparándose y más rápido aún planeando para que de esta manera pueda empezar a ejecutar más rápido, haga de esto una cultura, un hábito, recuerde que cada minuto que deje pasar en alcanzar sus metas financieras lo está atrasando, por lo tanto, tiene que dormir más rápido, comer más rápido, ejercitarse más rápido para poder obtener resultados más eficaces en las áreas donde invierte su tiempo, de ahora en adelante compórtese como si siempre está atrasado ya que no haber llegado adonde se ha propuesto financieramente se interpreta como un atraso.

DIME CON QUIÉN ANDAS Y TE DIRÉ QUIÉN ERES

Este punto es el único que textualmente trasladé de mi primer libro *Secretos en bienes raíces*, muchas veces peleamos por encontrar este ideal, así que mientras más rápido lo entienda y lo ponga en práctica más rápido sentirá y verá los cambios.

Cuando se trata de su personalidad, estamos muy influenciados, nos guste o no, por aquellos más cercanos a nosotros, estos individuos tienen la capacidad de afectar nuestra forma de actuar, de pensar, nuestra autoestima, nuestro ánimo, nuestras decisiones, entre otros aspectos, en verdad el poder que estas personas tienen sobre nosotros es comúnmente muchísimo mayor que lo que nosotros inicialmente nos imaginamos. Detengámonos a analizar este aspecto, en el transcurso de su vida ha hecho muchos cambios, ha cambiado de hogar, de profesión, de valores, de ideales, de pareja, entre otros, tenemos en resumen que en este punto prácticamente todos los aspectos de su vida han sido reevaluados y actualizados, pero la mayoría de las veces las actualizaciones no incluyen nuestras amistades, es posible que esta afirmación pueda generar algún reproche, pero si se detiene y lo piensa con calma, poco a poco se dará cuenta de lo importante de tal actualización. Generalmente nuestra lista de amigos está conformada por aquellos con quienes hemos pasado muchas situaciones juntos, existe una historia entre nosotros, bien sea por ser amigos de la infancia o de la escuela, pero piénselo bien, ¿el hecho de que su amigo o amiga lo consoló cuando de adolescente lo dejó su novia significa que debe compartir los mismos ideales toda la vida?, seguro que no.

Sus amistades, como todo en su vida, necesitan una actualización, deben ser reevaluados de vez en cuando para determinar si todavía están influyendo positivamente en su vida, sus amigos deberían inspirar lo mejor de usted, todos transmitimos energía, entonces si se comparte mucho tiempo con seres que son negativos, inseguros o destructivos (ovejas blancas), tenga plena seguridad de que será afectado, independientemente de su fuerza como individuo, usted no es inmune a un entorno constante de energía negativa o de mala influencia, si alguien le influye negativamente, terminará afectando su relación con otras personas en su entorno, una vez que permita que una fuerza negativa contagie su vida y su espíritu, ocurrirá un efecto negativo en cadena que no solo lo afectará a usted, sino que también finalmente afectará a todos los que lo rodean, los valores por los que vive deben estar alineados con aquellos con los que pasa el tiempo, si sus amigos son flojos, infelices y negativos, existe una gran probabilidad de que termine adoptando esos patrones de comportamiento.

Pero, si pasa tiempo con personas motivadas, trabajadoras, felices, exitosas y saludables (ovejas negras), entonces se verá obligado a elevar su juego y a traer esos mismos aspectos a su vida, si desea tener completo dominio de un ambiente positivo en su vida, es importante que se rodee de aquellos que lo inspiren a alcanzar la grandeza, de esta situación es que proviene el proverbio "Dime con quién andas y te diré quién eres", queriéndolo o no, muchas veces terminamos convirtiéndonos o adaptándonos al entorno que nos rodea, esa es la razón por la que es recomendable juntarse con seres que sean superiores a uno en las áreas que deseamos desarrollar, el rodearse de personas más exitosas será un acelerador en su aspiración a ser lo mejor posible en todas las áreas. El éxito atrae y genera más éxito.

Entonces sí terminará siendo el resultado directo de sus pensamientos, de aquellos con los que pasa el tiempo, de su preparación y de las acciones que tome, por qué no seleccionar en estas áreas lo mejor de lo mejor, me refiero a que si está constantemente alrededor de ricos o adinerados, aprenderá que es fácil ganar dinero, pero si, contrariamente, pasa la mayoría de su tiempo alrededor de individuos pobres, entonces escuchará constantemente por qué es tan difícil ganar dinero. El rodearse de los individuos indicados en este momento de su vida es indispensable ya que lo ayudará a alcanzar sus goles de manera más rápida, se sentirá totalmente estimulado ya que estos representarán para usted una fuente de inspiración y motivación inagotable, la cual estará recargando su fuente de energía positiva constantemente.

CAPÍTULO 8
DEBES ESTAR SEGURO DE…

TIENE LA EDAD PERFECTA

En un mundo donde las excusas son ilimitadas es de imaginarse que la edad es una más de ellas; es muy común escuchar comentarios como: "No puedo hacer eso porque soy muy joven y no tengo experiencia", o frases como: "Ya estoy muy viejo para eso". Pareciera que estas personas vivieran una realidad diferente o no se dieran cuenta de que compañías como Amazon® brindan la oportunidad de empezar una carrera a la edad de 18 años, estoy seguro de que habrá quienes al leer esto pensarán: "Seguro que la oportunidad existe, pero tienes que ser algún tipo de genio en computación o algo así", lo cual, por supuesto, solo resulta ser otra excusa ya que no se necesita de ningún tipo de poder especial; es más, compañías como Nike® ofrecen la oportunidad de empezar a los 16 años.

De allí, de los que asumen ese reto siendo aún muy jóvenes, es de donde surgen aquellos que por sus propios medios han logrado ser billonarios como Alexandra Andresen, edad: 22 años, patrimonio: $1.4B, Katharina Andresen, edad: 23 años, patrimonio: $1.4B o Gustav Magnar Witzoe, edad: 25 años, patrimonio: $1.9B. Hago referencia a billonarios debido a que la lista de estos es menor que la lista de millonarios que han logrado hacer tales fortunas por sí mismos también a temprana edad. Y qué tal si nos vamos al lado opuesto y hablamos de aquellos que hicieron fortunas en edades más avanzadas como Ray Kroc, edad: 52 años, coronel Harland Sanders, edad: 62 años o Wally Blume, edad: 57 años, sólo para nombrar algunos de los más famosos, porque las listas de los jóvenes o de aquellos que alcanzaron grandes riquezas a avanzada edad son larguísimas.

Empiece a ver el lado positivo de las cosas, por ningún motivo permita que sus pensamientos negativos estén a cargo ya que estos solo lo llevarán a inventar excusas y, como consecuencia, a no avanzar, enfóquese en ideales como: "¡soy joven!, tengo toda la energía y tiempo para lograrlo" o, por otro lado, dirija sus pensamientos a aspectos como: "este es el momento perfecto ya que cuento con la madurez y sabiduría que he adquirido a través del tiempo", es decir, convénzase de que tiene la edad perfecta, por lo tanto, es hora de que se lo proponga, prepárese, organícese y ejecute sin importar en qué momento de la vida está.

Ahora, debe tener claro que si bien es importante tener una buena idea, es más importante aún el proceso de ejecución de la misma, igualmente lo es el compromiso que usted adquiere al empezar su proyecto, la tolerancia para aceptar sus errores y, muchas veces, sus fracasos, los cuales podrían llegar a constituir parte importante de su desarrollo tanto personal como en materia de negocios, agregue a esto su capacidad de evolucionar y adaptarse a los posibles cambios existentes en cualquier mercado; todo esto, junto a la pasión que tenga hacia este o cualquier proyecto es lo que le permitirá estar listo para enfrentar y superar cualquier obstáculo o desafío. Independientemente de la edad que tenga, preocúpese siempre por mejorar sus habilidades para comunicarse con las personas y sus habilidades en materia de ventas, entienda los beneficios que le brindará el trabajar en equipo, siempre tenga la puerta abierta para aprender algo, la educación debe ser continua en cualquier etapa de su carrera; al desarrollar estos aspectos liberará la oveja negra que existe dentro de usted, en ese momento se dará cuenta de que tiene la edad perfecta para perseguir y alcanzar sus sueños. Sólo al tener claro cuáles son los factores que lo conducirán a alcanzar sus metas entenderá que la edad no es uno de ellos, de esta manera podrá enfocarse en las áreas correctas que le permitirán desenvolverse como persona de negocios y alcanzar sus metas financieras.

CREANDO SU LEGADO

Observando ovejas negras, tratando de estudiar su comportamiento para determinar diferentes tipos de patrones en sus hábitos me di cuenta de un rasgo que los caracteriza, siempre mantienen como una de sus prioridades la construcción de su legado, lo cual me pareció sumamente interesante ya que más que hacer dinero, parte del enfoque es: qué hacer con el mismo, ellos se preocupan por su futuro y por el de sus seres queridos. También en este estudio me encontré con dos grupos sumamente interesantes: aquellos que están convencidos de que ellos pertenecen al grupo de las ovejas negras, particularmente pienso que eso es sólo una ilusión, me refiero en primera instancia a muchos jóvenes que han tenido éxito financiero de alguna u otra manera y han logrado hacer grandes fortunas que las emplean en vivir el momento presente sin considerar el futuro, de cierta manera entienden la importancia del dinero ya que vivimos en un mundo capitalista donde todo se desenvuelve alrededor de este, y en atención a esa premisa, hacen más y más dinero sólo con la intención de gastarlo, piensan que este es el único motivo por el cual hacer dinero; en este grupo encontramos a muchos de los jóvenes atletas que hacen fortuna una vez que los equipos profesionales los firman, y que, en no pocos casos, paradójicamente, terminan siendo pobres; una de las razones de que esto ocurra es que al no proyectar su mirada al futuro no se preocupan por educarse financieramente y derrochan en sus años de juventud la fortuna que logran hacer, sólo viven el momento, por lo tanto, sin importar cuánto dinero lleguen a tener no pueden ser calificados como ovejas negras aunque ellos vivan la ilusión de que mientras manejan dicha fortuna pertenecen a este grupo.

Las verdaderas ovejas negras, aunque son cautelosos para no perder sus riquezas, no tienen miedo a que por algún motivo esto suceda ya que saben y han aprendido a través del tiempo cómo hacer y cómo reproducir el dinero, esta es una de las características que los diferencia de este grupo que acabamos de analizar. El segundo grupo que logré identificar está conformado por individuos que por el hecho de tener dinero o algún tipo de situación privilegiada con respecto a los demás, viven la ilusión de que eso los convierte automáticamente en ovejas negras, esto no puede estar más lejos de la realidad ya que ellos, en realidad, no saben cómo hacer dinero, la mayoría de estos sólo viven de los logros o del legado que crearon sus antecesores quienes definitivamente sí fueron o son ovejas negras, pero el asunto es que esa característica no se hereda, pertenecer a este selecto grupo es algo que uno logra por sí mismo, por lo tanto, no importa si quienes le antecedieron no tuvieron dinero, ya que usted, definitivamente, puede lograrlo; de la misma manera, no importa si sus antecesores tienen o le han dejado algún tipo de fortuna y usted se ha convertido en administrador de la misma, entienda que este es un legado producto del trabajo de otra persona y el hecho de ser el administrador no le confiere el título de oveja negra, simplemente es una oveja blanca que disfruta de privilegios derivados de la fortuna de otro, es decir, no es lo mismo administrar lo que construyó o el legado que dejó su antecesor, que decir: por ejemplo, mi padre dejó esto y yo lo he hecho crecer hasta convertirlo en esto otro, sólo en ese momento es cuando usted podría empezar a considerarse oveja negra, es decir, cuando empieza a comportarse no sólo como un administrador o gerente sino que adicionalmente aporta sus propios triunfos en materia financiera; el ser el guardián o preservar la fortuna o el legado familiar no es suficiente para tener este título. Por lo tanto, no importa si sus familiares o antecesores dejaron algún tipo de legado, o si han dejado fortunas, no importa si por algún hecho fortuito o producto de su talento ha logrado hacer mucho dinero durante su juventud, lo que verdaderamente importa es que se eduque financieramente y aprenda no sólo a hacer dinero o a mantenerlo sino a reproducir el mismo, sólo en este momento es que podrá empezar a sumar logros personales en materia financiera los cuales son la fundación de su legado para generaciones futuras.

SEA LA PERSONA MÁS INTERESANTE EN EL MUNDO

Partiendo de la idea de que en todo momento estamos en una negociación, de que en cualquier conversación estamos vendiendo algo o nos están vendiendo algo, bien sea una simple idea o un producto complejo (sobre todo en el área financiera), si asumimos esto, lo que en realidad sucede es que se están realizando simultáneamente múltiples ventas, las cuales, combinadas, representan la probabilidad de aumentar sus posibilidades de éxito cualquiera que sea su meta; entre todas estas pequeñas ventas que conforman una negociación existe una que considero posiblemente la más importante de todas ellas, pero para hacer posible esta venta es determinante estar persuadido de que usted es, sin duda alguna, la mejor opción que se le pudo haber presentado a la otra parte, me refiero exactamente a que la venta más importante que usted siempre estará realizando será la de su imagen, su reputación, proyectando así el beneficio absoluto que significa contar con la oportunidad de hacer negocios con usted, y no me refiero a ser arrogante, me refiero al simple hecho de creer en sí mismo y, convencido de esa verdad, reflejarle a los demás que usted es lo mejor de lo mejor, que resultaría ridículo el considerar otra opción que no fuera usted, olvídese de la competencia ya que esta no existe, la única realidad en cualquier presentación debe de ser el dejar claro que usted, su idea, su servicio, su producto o lo que sea que esté ofreciendo es, sin duda alguna, la mejor opción, y la única manera de lograr esto empieza en usted mismo, sólo cuando usted acepte que es la mejor opción podrá proyectar esto en cualquier conversación.

Practique su tono, la velocidad con la que habla, hable con confianza, es de suma importancia que siempre tenga contacto visual, no le dé pena destacar sus logros, grabar sus conversaciones y escucharlas ayuda para identificar puntos que influyeron en el desarrollo de la presentación; si está empezando en un área determinada enfoque su presentación al potencial éxito o al potencial beneficio, pero si ya tiene experiencia en la materia enfóquese en el éxito obtenido en experiencias pasadas. Es sumamente importante que siempre que esté vendiendo algo en donde tenga que incluir su imagen lo haga de manera casual, esto lo puede lograr a través de una historia o vivencias de su pasado, siempre tengo un par de historias preparadas para ser presentadas en un diálogo negociación ya que muchas veces estos diálogos surgen en momentos inesperados; la finalidad de dichas historias es resaltar sus habilidades, cualidades, logros, en general, dejarle saber a la otra parte un poco sobre usted, por supuesto, siendo siempre humilde y de una manera casual, así evitará parecer arrogante; mantenga su postura y trate en lo posible de nunca perder el contacto visual, esto es de suma importancia ya que le da a entender a la otra parte que usted está prestando atención a todo lo que él dice, haga lo posible por mantener una sonrisa ya que la misma representa un símbolo de amistad, sea, en lo posible, breve en sus respuestas para de esta manera darle espacio en el diálogo a la otra parte.

Inicialmente no se trata de exponer o vender el producto o servicio que ofrece, ya que, independientemente de la excelencia de su producto, si no logra vender su imagen y que la otra parte confíe en usted las posibilidades de no realizar la venta o no concretar la negociación serán mayores. Tenga siempre en cuenta que los sentimientos son contagiosos, con esto me refiero a que si usted habla con pasión de un tema determinado la otra parte podrá captar este sentimiento e, incluso, compartirlo, así mismo, si hace su presentación de manera casual lo más seguro es que el diálogo entonces no genere ningún tipo de tensión, por lo tanto, recomiendo enfocar la presentación en sentimientos positivos como pueden ser la pasión, la felicidad, la cual podría expresar con una simple sonrisa, sea siempre casual, estos, entre otros, serán factores que ayudarán al desenlace de la negociación y aumentarán sus posibilidades de alcanzar sus metas. En resumen, trate, en lo posible, de ser usted mismo, no olvide que usted es la mejor opción que puede tener la otra parte por cuanto usted es la persona más interesante en el mundo.

HASTA EL INFINITO Y MÁS ALLÁ

Una vez que rompemos la falsa creencia de que vivimos en un mundo escaso y empezamos a ver y a entender que se trata de todo lo contrario, que vivimos en un mundo de abundancia donde existe un infinito número de posibilidades y oportunidades sobre todo en el área financiera, al tener clara esta idea, la pregunta sería: ¿cuánto quiere?, y la única respuesta adecuada a esta pregunta sería: "lo quiero todo". Recuerden que vivimos en un mundo en el que la mayoría pertenece al grupo de las ovejas blancas las cuales tienen la idea de que el mundo es escaso y por tal motivo le han atribuido un carácter negativo a querer ser ambicioso; si examinamos el significado de este término nos encontramos que se denomina ambición al deseo de obtener poder, riquezas o fama. No hay ningún aspecto negativo en tener poder, riqueza o fama, esto es algo que las ovejas negras tienen claro y es el motivo principal por el cual siempre piensan en grande, les puedo asegurar que lo que consideren grandes pensamientos para su futuro hoy en día, se convertirán en pequeños pensamientos mañana, si todavía tiene dudas al respecto haga una retrospectiva de su vida y recuerde cuánto quería hacer o ganar 10 años atrás, 5 años atrás, y compare esas metas financieras con sus metas actuales, lo más seguro es que ni se parezcan, esto se debe a que cuando empieza, si su meta es lograr X cantidad de dinero, poco después de alcanzarla su próximo pensamiento será: ¿y ahora cómo logro hacer XX cantidad? Le aseguro que al lograr esta meta empezará a pensar en cómo lograr XXX, entonces, ¿por qué no se libera de este proceso y acelera el alcance de sus metas?, me refiero a por qué no se decide, desde el principio, a considerar la posibilidad de alcanzar XXX. Teniendo claro que vivimos en un mundo de abundancia, alcanzar tal meta no será problema, teniendo siempre claro que todo es inédito hasta que sucede por primera vez, que nada nunca ha pasado hasta que pasa por primera vez, sólo mire a su alrededor, vivimos en una época donde existen más billonarios que nunca antes, y esta lista sigue creciendo todos los días, por lo tanto, le recomiendo que extienda tanto su manera de pensar como sus metas, hágalas más grandes de lo que las proyectó inicialmente, me refiero a que una vez que se fije una meta, multiplíquela por tres, o por cinco o, mejor aún, por diez, haga todo lo posible por pensar en grande sin ponerle límites a su imaginación, de esta manera logrará acelerar el proceso y expandir su capacidad, incluso mucho más allá de lo que se puede imaginar, haga del pensar en grande un hábito, propóngase metas más claras y dele paso a la creatividad, no se deje dominar por ningún tipo de límite o temor, es la única manera de liberar su potencial el cual es ilimitado, todo esto lo llevará inevitablemente a actuar, pensar y hacer cosas más grandes de lo que incluso usted creía posible y, de manera inevitable, el pensar en grande se convertirá en un hábito.

Aunque puede ser cierto que en principio las grandes metas resulten intimidantes, le garantizo que una vez que supere este temor empezará a ver todo de manera distinta; metas más grandes o que inicialmente parezcan una locura, terminarán convirtiéndose en combustible para su motivación y se tornarán cada vez más agradables y satisfactorias, sólo tiene que visualizar cómo será el impacto positivo en su vida una vez que las logre. El pensar en grande generará un cambio absolutamente positivo en su comportamiento, creará en usted una visión más amplia que le permitirá ver cosas que no podía ver antes, de esta manera experimentará una manera nueva de pensar en la que las ideas empezarán a fluir de forma más clara, esta nueva etapa ayudará a fortalecer uno de los pilares del éxito que es la motivación, el tener objetivos grandes e imaginarse lográndolos causará que se sienta, a lo largo de su viaje, motivado, y esa fuerza, la motivación, es un recurso que nunca tendremos en demasía y la canalización de esa energía es la que hará que nos impongamos como metas el llegar hasta el infinito y más allá para lograr, de esta manera, que pensamiento, acción y resultados tengan la misma intensidad.

ACCIONES MASIVAS

Todos los días pasan por nuestra mente cientos si no miles de pensamientos, algunos buenos, otros malos, algunos pequeños, otros grandes, quizás seleccionamos unos para ejecutarlos y abordamos un proceso de planificación, pero a veces surge alguna razón por la cual desechamos o posponemos la acción que deberíamos tomar para lograr que este pensamiento se materialice, esto sucede más frecuentemente de lo que podría inicialmente imaginarse; para ello solemos basarnos en algo que parece nunca acabarse: las excusas, culpamos a fenómenos externos como podrían ser el clima, la situación económica y, en algunos casos hasta, les echamos la culpa a terceros.

Si algo tienen claro las ovejas negras es que la única manera de alcanzar sus metas es tomando acción, independientemente de cuánto planifiquen, entienda que los errores son parte del proceso, por lo tanto, por mucho que planee son inevitables, cometerlos de vez en cuando no significa que es el fin del mundo y mucho menos de su proyecto, debe asimilar estos errores y aprender de tales situaciones para evitar en el futuro volver a caer en ellas, así que mientras más tiempo planifique menos tiempo invertirá tomando acción, además tenga claro que, sin importar lo que haga, los criticones siempre van a criticar, los que odian siempre van a odiar y la única forma de evitar que lo critiquen o que lo odien es no haciendo nada y así pasar desapercibido, situación en la que no debe caer si desea surgir o lograr sus metas, siempre tiene que estar alerta para no caer en el juego de estos perdedores que sólo tratan de justificarse en su mundo porque ellos no han podido lograr lo que usted está intentando, y la única arma con la que cuentan es la de atacar con críticas destructivas a aquellos que están intentando hacer algo, puedo garantizarles que seguro ya han pasado por este proceso anteriormente, me refiero al proceso de sentirse animados por una idea o proyecto e inmediatamente eliminarlo por alguna excusa que surgió mientras se preparaban para ejercer su plan de acción y, como consecuencia obvia, pues no ocurrió nada; aunque suene muy sencillo, por algún motivo es una parte del proceso que muchos no pueden superar, me refiero simplemente a intentar tomar acción, pero no cualquier tipo de acción, aunque el simple hecho de hacerlo ya signifique un avance hay que asegurarse de que las acciones sean acordes con el pensamiento, idea o propósito, si su intención es la de alcanzar grandes metas sus acciones deben ser masivas de manera que la balanza del éxito se incline a su favor,

Todos tenemos la capacidad de actuar y depende sólo de nosotros tomar provecho de este don, no necesitamos nada en especial, solo la voluntad y el verdadero deseo de seguir adelante para asumir las acciones necesarias, los resultados que se obtengan generalmente van de la mano con el tipo de acción que se tome, es decir, si sus acciones son leves generalmente obtendrá leves resultados, pero si sus acciones son masivas las posibilidades de que los resultados sean mucho más grandes se inclinan a su favor, si en verdad desea algún cambio en su vida debe tomar acciones concretas, y repito, siempre me refiero a acciones masivas, ya que muchos, incluso al romper la primera barrera que es la de intentarlo, se quedan cortos en el tipo de acciones que toman y, por lo tanto, no logran tener los resultados esperados.

Muchos no saben diferenciar entre estar sumamente ocupados o ser sumamente productivos, y la productividad o generar ingresos es elemento fundamental para lograr sus goles financieros, siempre debe estar alerta en qué actividades invierte su tiempo para así poder enfocarlo junto con su energía a aquellas que verdaderamente lograrán acercarlo a sus metas productivas. Nunca olvide que vivimos en un mundo de abundancia donde el tener más está al alcance de todos. Podemos tener más dinero, felicidad, seguridad o cualquier otra cosa que deseemos, no tenemos por qué conformarnos con lo que se tiene en el momento ya que por vivir en un mundo de abundancia tenemos acceso a más y el secreto de lograr todo esto es tomar acciones, por lo tanto, si queremos tener más tenemos que tomar acciones masivas para así poder alcanzar mucho más que lo que estamos buscando.

CAPÍTULO 9
SINTOMATOLOGÍA

SOÑADORES

Sólo al entender que vivimos en un mundo lleno de abundancia y sin límites nos podremos dar el gusto de soñar y lograr cualquier cosa que deseemos; las ovejas negras entienden perfectamente que nada se ha hecho hasta que se hace por primera vez, lo que quiere decir que el hecho de que no exista no significa que es imposible, se atreven a soñar con llegar a la Luna, a otros planetas, recorrer la galaxia, crear dispositivos que nos permitan comunicarnos desde cualquier sitio y en cualquier momento, sueñan con volar, en general, tienen en común establecerse metas que para la gran mayoría serían ridículas o simplemente irreales, por tal motivo son usualmente atacados, incluso muchas veces por personas allegadas con frases como "deja de soñar" o "tienes que ser más realista", esto porque la mayoría de los individuos no entiende que soñar en grande es lo que nos permitirá lograr grandes cosas.

Voy a aclarar un punto: utilizo la palabra o el término *soñar* porque considero que es la expresión más comúnmente utilizada por la sociedad para referirse a algo que anhelan o desean y aunque la mayoría lo ve únicamente como tal, como sueños, en verdad solo unos cuantos logramos entender que no son tal cosa, son realmente visualizaciones que las ovejas negras utilizamos para tener claro adónde queremos llegar, ya que entendemos que si no sabemos cuál es nuestra meta cómo podríamos entonces alcanzar ese punto, sería casi imposible, por eso es que nos preocupamos por visualizar para así poder crear un plan de trabajo enfocado en alcanzar tal destino.

Sin importar el área donde usted se desenvuelva la visualización es parte fundamental en el proceso de alcanzar sus metas, al principio no es fácil ya que una vez que tenemos una idea, un sueño y nos atrevemos a visualizarlo, generalmente el mismo es seguido de una serie de objeciones, excusas o situaciones que se interponen en nuestro propósito de alcanzar la meta trazada y, en consecuencia, muere en esta etapa el intento de lograr algo diferente en la vida; no permita que estos pensamientos negativos aniquilen sus posibilidades, sí bien es cierto que puede ser difícil nuestro objetivo no necesariamente significa que sea imposible y la mayoría de las veces todos los problemas o las excusas que creamos están en nuestra cabeza, es normal tenerle miedo a lo desconocido, la diferencia en su futuro está en cómo enfrenta a estos miedos, si su posición es la de que su objetivo es sólo un sueño, pues quedará en este plano como algo irreal, igual sucede si su posición es la de visualizar pero seguido de una serie de excusas que justifican el no intentarlo; tiene que hacer todo lo posible para eliminar todas estas razones negativas del proceso, y aunque es verdad que pueden ser problemas, estos seguramente tienen solución y, como oveja negra, debe entender lo que ya sabemos, que los problemas no son otra cosa que oportunidades que se nos presentan de enfrentar dichos obstáculos y solucionarlos con la finalidad de alcanzar el éxito que nos propusimos.

El secreto o la clave para poder enfrentar todos estos obstáculos es una actitud positiva, una vez que logra desarrollar el hábito de pensar en positivo nada se verá como algo imposible de realizar, el cerebro humano funciona de esa manera, si al crear el pensamiento es seguido por la idea de que no se puede, el cerebro ni siquiera se preocupa en seguir pensando al respecto y, por lo tanto, desecha el pensamiento, pero si por el contrario pensamos que sí se puede y que estamos en capacidad de hacerlo, nuestro pensamiento inmediatamente cambia y nuestra inteligencia es enfocada a buscar las diferentes formas de alcanzar el objetivo propuesto. La visualización es una práctica muy útil que nos ayudará, entre otras cosas, a mantenernos enfocados en nuestros goles, vivimos en un mundo lleno de distracciones y fácilmente podríamos desviarnos de nuestro camino persiguiendo algo que nos llame la atención y que no tenga nada que ver con nuestras metas, por eso al visualizar tenemos que enfocarnos en las cosas que verdaderamente son importantes y que nos acercarán al destino que queremos alcanzar, además el proceso de visualización ayudará a desarrollar su creatividad y lo mantendrá estimulado en lograr su objetivo, por lo tanto, tiene que atreverse a soñar en grande entendiendo que esto no es más que visualizar sus metas del futuro.

ERES DIFERENTE

En la sociedad de las ovejas blancas existe un patrón de comportamiento que dicta cómo estas deben actuar en todas las etapas de su vida, desde la niñez hasta la vejez, cómo debemos ir a la escuela, qué conducta debemos asumir en ella, cómo estamos obligados a conseguir un trabajo y tratar de mantenerlo toda la vida, esto entre otros muchos patrones; cualquier individuo que tenga la osadía de salirse de estos patrones de comportamiento es tildado inmediatamente como alguien raro, diferente, como si este individuo sufriera de algún tipo de enfermedad, estos son los llamados ovejas negras, como si la sola idea de ser diferente fuera algo malo, en lo personal no comparto esta ideología, no existe nada malo en ser diferente, en salirse de los patrones de comportamiento, siempre y cuando no estemos violando el espacio o los derechos de otros, esta es una de las pruebas más difíciles que tenemos como ovejas negras, me refiero a que por ningún motivo debemos permitir que la sociedad quebrante nuestro espíritu o nuestra forma de pensar y nos haga comportar como uno más del rebaño.

Desde hace poco tiempo conozco a dos jóvenes hermanos adolescentes que me llamaron la atención, hembra y varón, geniales ambos, con un potencial inmenso, la niña tiende a la excelencia y, por lo tanto, trata de hacer de todo lo que hace, algo excelente, razón por la cual es atacada continuamente por familiares y amigos; yo no podía creer cuando escuchaba de estas personas consejos como: "... tienes que tomártelo con más calma, estás muy joven para preocuparte tanto por las cosas". Nosotros somos lo que hacemos, y la excelencia es un hábito que, aunque la mayoría tenemos que crearlo con la práctica, hay algunos pocos privilegiados que nacen con este don, desarrollan desde edades tempranas el hábito de ser excelentes; no hay nada de malo en preocuparse por hacer las cosas lo mejor posible, por el contrario, desde mi punto de vista deberíamos asumirlos como un ejemplo a seguir, pero por ser un hábito tan fuera de lo común es más fácil que la sociedad de las ovejas blancas trate esta situación como si fuera un problema en vez de una virtud e intente quebrantar este comportamiento y traer a estos individuos, por naturaleza, geniales, al mundo de lo normal.

Por otro lado estaba el hermano, otro joven genial, con una genialidad no reconocida por la sociedad, al contrario, los especialistas ya tienen un nombre para este tipo de comportamiento, así, al referirse a este joven se le califica como un individuo que posee una situación especial, dándosele una connotación negativa por el simple hecho de ser diferente, si se deja a un lado la idea de que la condición especial de este individuo no radica en el hecho de que no sigue los patrones de conducta de la sociedad, pudiera verse que la tal condición radica en tener grados de concentración que para muchos son imposibles de alcanzar, él logra entender y solucionar fácilmente problemas matemáticos y de física que para la gran mayoría serían imposibles de resolver. Entiéndase que ser diferente no es un problema, el hecho de no haber tenido excelentes calificaciones en la escuela no significa que se posea una escasa inteligencia, según Howard Gardner existen diferentes tipos de inteligencia que quizás no son del conocimiento común. Cuando nos encontramos con seres especiales que pueden, por ejemplo, tocar instrumentos musicales en forma excepcional sin haber estudiado música, estamos en presencia de una persona que posee una inteligencia musical fuera de lo normal, así el futbolista que tiene que tomar decisiones en cuestión de segundos acerca de qué hacer con el balón o cómo esquivar a su oponente o tomar un disparo al arco y todo esto lo hace manera natural, definitivamente nos encontramos ante el caso de una persona con gran inteligencia corporal, pero si estos no lograron tener excelentes calificaciones en el sistema educativo lo más seguro es que sean considerados personas poco inteligentes. No permita que la sociedad quebrante su espíritu ya que muchas veces eso que lo hace diferente se puede convertir en su mayor virtud en el futuro, si desea tener el resultado promedio de la sociedad, ser y comportarse como una persona promedio de la sociedad compórtese como una oveja blanca, no se salga de los patrones normales, pero si quiere lograr resultados extraordinarios tiene que definitivamente ser diferente y comportarse como una oveja negra.

CAZADOR DE OPORTUNIDADES

Es interesante ver cómo los problemas son vistos, analizados y enfrentados de diferentes maneras en las dos sociedades: por un lado, tenemos la sociedad de las ovejas blancas donde la palabra problema generalmente representa algo negativo, algo grande y posiblemente muy difícil de solucionar y es común que la mayoría de estas personas eviten enfrentarlo pensando en la complejidad y en todas las consecuencias que podría acarrear el mismo; por otro lado, las ovejas negras entienden que los problemas representan posibilidades, mientras más grande es el problema, más grandes son las posibilidades. La magnitud del problema depende del plano desde donde se le observe, las ovejas blancas suelen ver los problemas desde abajo, por tal motivo les parecen muy grandes y además sienten que el problema está por encima de ellos; mientras que las ovejas negras suelen ver los problemas desde arriba lo cual crea la impresión de que son pequeños y se sienten por encima de ellos, en consecuencia, no se intimidan al momento de enfrentarlos. En lo personal trabajo continuamente en conjunto con mi equipo para tratar de eliminar la palabra *problema* de nuestro vocabulario y sustituirla por *situación*, de esta manera logramos quitarle el entorno negativo a cualquier problema que estamos enfrentando; generalmente nos criaron con la idea de que un problema es algo negativo, pero con la simple práctica de sustituir la palabra *problema* por la palabra *situación* se deja a un lado toda la negatividad, lo cual permite tener un enfoque positivo de manera inmediata además de poder verlo más objetivamente, lo cual siempre es muy importante al momento de decidir cuáles serán las acciones que se tomarán.

Para poder desarrollar nuestro máximo potencial es obligatorio que dejemos de ver los problemas como una fuerza opositora y en su lugar entendamos que no son más que situaciones que generan la oportunidad de aprender, de mejorar, de adaptarse y evolucionar y, por lo tanto, de crecer personalmente, financieramente o en cualquier área en la que estemos enfrentando tal situación; esta forma de pensar lo ayudará a alcanzar el éxito de manera más fácil ya que cada vez que enfrente una de estas situaciones tendrá la oportunidad de mejorar, adaptándose y, como consecuencia, evolucionando, lo cual generará continuos cambios positivos en su vida. Debido al entorno negativo que la sociedad le da a los problemas, es fácil caer en este juego y reaccionar también negativamente ante alguna situación que se nos presente, por tal motivo siempre hay que estar alerta, dejar a un lado los sentimientos para poder actuar de manera objetiva, sólo de esta manera podremos tomar las decisiones y acciones más adecuadas para enfrentar dicha situación; entendamos y aceptemos que los problemas forman parte de la vida, independientemente de en qué área nos desenvolvamos siempre existirán, pero la diferencia la podrá hacer usted dependiendo de cómo los vea, analice y reaccione ante estos, si empieza a ver esta situación como oportunidades de mejorar le estará dando el entorno positivo necesario para lidiar con ellos, lo cual, como consecuencia, lo hará más habilidoso y más efectivo al actuar ante esta situación, se convierte usted así en aquél que soluciona los problemas, fundamento esencial de las ovejas negras.

Ciertamente es verdad que todo esto puede ser un poco complicado, por tal motivo le voy a dar un dato que en lo personal me ha ayudado de manera extraordinaria a mantenerme concentrado en cómo enfrentar dichas situaciones, no es más que la práctica de cambiar el enfoque: me refiero a que en vez enfocarse en el problema ponga toda su atención en la solución, los problemas son fáciles de identificar pero, a veces, ya identificados, caemos en el juego de dedicarle nuestra atención a interrogantes que no van a solucionar el problema, por lo menos en el momento, como pueden ser: ¿Quién es el culpable? o ¿Por qué esto me está pasando a mí?, cuando el enfoque debería estar en ¿Cómo soluciono la situación?, la cual una vez resuelta nos permitiría dirigir nuestra mirada hacia los factores que influyeron en que tal situación se presentara, por lo tanto, al momento de presentarse un problema la reacción inmediata debe ser la de buscar la solución, con solo la práctica de cambiar el enfoque les garantizo que será mucho más fácil banalizar, enfrentar y tomar las medidas necesarias para solucionar las situaciones adversas.

AMANTE DE LOS CAMBIOS

Amar los cambios implica que por vivir en un ambiente o sociedad lleno de reglas y parámetros sociales que no tienen sentido para nosotros estamos en la continua tarea de hacer o realizar cambios positivos con la finalidad de mejorar la situación, por más que en un principio nos neguemos, tenemos que entender que somos por naturaleza oveja negra y el convertirse en una de ellas es una decisión de vida, muchas veces sólo depende de liberar todos esos deseos que hemos reprimido porque no son acordes a los parámetros de la sociedad de las ovejas blancas. Únicamente podrá evolucionar cuando tome esta decisión, en ese momento su vida cambiará por completo tanto en el ámbito personal como en el ámbito de trabajo y seguramente empezará a prestar atención a asuntos que anteriormente ignoraba, cambiará su manera de ver los problemas ya que entenderá que estos son posibilidades, empezará a desarrollar nuevas habilidades que ni usted mismo se imaginaba que estaban a su alcance, sin duda alguna experimentará una transformación en su personalidad, y aunque es verdad que en un principio cualquier cambio puede generar miedo, tiene la obligación de no dejarse llevar por este temor, debe tomar la decisión y dejar que suceda, le aseguro que una vez que esto ocurra se sentirá mucho mejor ya que por naturaleza las ovejas negras son amantes de los cambios y este es el primero de todos ellos.

Se sentirá tan bien cuando esto ocurra que querrá compartir el bienestar que experimenta con otros individuos y esto lo llevará a intentar realizar cambios con miras a generar un impacto social positivo en generaciones actuales y futuras. Es permitiendo su transformación personal como logrará darse cuenta de que puede alcanzar sus sueños, ya que éstos siempre han sido una visualización de adonde quiere llegar. Empezará a desarrollar su curiosidad y a dirigirla a problemas que cree poder solucionar o a situaciones que está seguro que pueden ser transformadas a fin de que otros podamos disfrutar de estos cambios, esto implica entender que este proceso empieza dentro de uno mismo y no depende de situaciones externas; nos convertiremos en pensadores proactivos lo cual nos llevará a ser aquellos que solucionan problemas y promueven cambios positivos, en este momento muchas situaciones que anteriormente eran aceptadas por el simple hecho de que la sociedad en general así lo hacía quedarán sujetas a evaluación y análisis a fin de determinar si van en favor o en contra de nuestra naturaleza.

Aceptar el cambio formará parte de su crecimiento como persona y el poder adaptarse a los cambios lo ayudará a evolucionar y a sobrevivir en el mundo moderno lo cual sin duda alguna aumentará sus posibilidades de tener éxito, en lo personal prefiero los cambios drásticos y así lidiar con todas las posibles situaciones de una vez, es como bañarse en una piscina de agua helada, no estoy de acuerdo con primero tocar el agua, luego meter el pie, después una pierna y así..., si la intención es meterse, prefiero saltar de una vez, pero como a final de cuentas lo importante es que se cumpla su cometido, si prefiere tocarla primero, bien, pero esté consciente de que en algún momento va a tener que entrar quiera o no, me refiero a que si no quiere hacer los cambios de manera drástica puede hacer pequeños cambios a la vez y así ir avanzando en la medida que usted se sienta cómodo, lo importante es siempre avanzar; caer, fallar y/o equivocarse forman parte de un proceso positivo de cambio, lo cual en principio y naturalmente es comprensible.

A modo de ejemplo, asumiendo que el aprender a caminar implica un cambio positivo, observemos a cualquier bebé en ese proceso, no importando cuántas veces se caiga o qué tan duro se golpee, él sigue intentándolo hasta lograr su objetivo; a esto me refiero cuando digo que la búsqueda del cambio positivo justifica los errores, y así habremos de asumirlo desde nuestros inicios, sin embargo, por algún motivo la sociedad ha condenado el fallar o equivocarse en casi todas sus formas, si te equivocas en un examen en la escuela, eres penalizado; si juegas béisbol y fallas al intentar batear un lanzamiento lo más seguro es que seas juzgado y si lo haces tres veces consecutivas serás penalizado; en un juego de fútbol es muy poco lo que se dice del portero que detiene un gol ya que el enfoque o la atención están dirigidos a la crítica por si falla, estos son sólo algunos ejemplos de por qué a través del tiempo muchas personas empiezan a tenerle miedo a fallar o a equivocarse y, como consecuencia, prefieren evitar perder que intentar ganar. Volvamos nuestra mirada hacia ese bebé y asumamos que el cambio positivo es posible, no importa cuántas veces nos caigamos o qué tan duro nos golpeemos, sólo tenemos que levantarnos y seguir intentándolo hasta que suceda.

LOS RETOS SON FASCINANTES

Al entender que los cambios son inevitables y forman parte del proceso empezará a verlos como retos que encontrará fascinantes. Si se encuentra cómodo en este momento pues está en uno de los peores sitios donde usted puede estar ya que la mayoría de los que llegan a sentirse así caen en un estado de satisfacción y de letargo que generalmente no les permite avanzar más, por lo tanto, es de suma importancia estar alerta a este estado, pero si esto sucede, sacúdase y siga avanzando ya que en el cambio está el secreto de su desarrollo personal; siempre tiene que estar haciendo cambios, lo quiera o no el mundo va a avanzar con usted o sin usted, por lo tanto, es mejor que se adapte a la corriente de los cambios, más aún en este mundo moderno en que vivimos en el que muchos cambios ocurren de un segundo a otro y aquellos que no son capaces de adaptarse y evolucionar están condenados a la extinción, la buena noticia es que al dejar que la oveja negra que está dentro de usted tome control, los cambios no serán más un problema ya que la naturaleza de las ovejas negras es la de amar los cambios porque entienden lo importante y fundamental que estos resultan en su desarrollo no sólo a nivel financiero sino en todos los niveles, por tal motivo, al ocurrir en diferentes áreas, empezará, entre otros aspectos, a pensar diferente, a ver las cosas de manera diferente y a hablar diferente, en consecuencia, también ocurrirá uno de los cambios más importantes, muy común en las ovejas negras, me refiero al cambio que tiene que ver con los hábitos, los cuales formarán parte esencial en su transformación y, por lo tanto, en su desarrollo personal en todas las áreas.

Veamos, algunos de estos cambios ocurrirán de manera consciente y otros de manera inconsciente, de cualquier forma, mientras más hábitos positivos incluya, más rápido va a ser el avance en su vida, así pues, está en la obligación de comenzar a cambiar todos aquellos hábitos negativos a los que está acostumbrado y que detienen o no le permiten avanzar hacia hábitos positivos que son los que dejan fluir todo lo bueno. El tema de los hábitos positivos es vital y sumamente extenso ya que existen muchos, no obstante, me gustaría nombrar algunos, los cuales deberían ser prioridad para que su vida fluya de una mejor manera en todos los aspectos. Todo empieza con un pensamiento o una idea y si en la sociedad de las ovejas blancas ese pensamiento o esa idea son tratados como sueños, para las ovejas negras se convierten en objetivos, por lo tanto, mientras que la mayoría tiene como estrategia la esperanza de que un día pase algo, usted, más bien, empiece a pensar las diferentes maneras de lograr que esto pase, en el entendido de que la esperanza no es una estrategia y que sólo depende de usted que dichos objetivos se concreten, en esta etapa es donde se analizan todas las posibilidades y se crea un plan de acción que da como resultado uno de los hábitos más comunes entre aquellos que logran tener éxito, y que no es más que el de orientar su atención a cumplir sus objetivos, lo cual nos lleva al segundo hábito que no es otro que la educación o preparación, por lo tanto, siempre están abiertos a adquirir nuevos conocimientos y entienden que el proceso de educación nunca termina, en consecuencia, siempre están educándose. Según las estadísticas los que alcanzan el éxito leen entre 2 a 4 libros al mes mientras que el resto lee entre 1 a 2 libros al año, obviamente este no es su caso ya que si ha llegado a este punto esto implica que no tiene problema con la lectura o el aprendizaje.

Debe tener mucho cuidado en esta etapa ya que si bien es cierto que la educación es continua tiene que saber, aunque se siga educando, cuándo empezar a practicar el tercer hábito que es el de tomar acción, muchos en este proceso se convierten en lo que ya denominamos 'estudiantes profesionales' y ¿a qué se dedican? sólo a estudiar y a prepararse sin tomar ningún tipo de acción y aunque el dicho dice que "el conocimiento es poder" no comparto este criterio, yo creo que el conocimiento es potencial poder ya que sin ejercer acción nada sucederá, por lo tanto, es obligatorio que tome acciones, empiece la práctica de otro hábito que es el de medir todas sus acciones a través de los resultados obtenidos, esto le permitirá aplicar los ajustes correspondientes para mejorar esos resultados, además empezará a valorar su tiempo, que es el activo más valioso que tenemos en la vida. Otro hábito común en las personas exitosas es que enfocan su atención a su salud, comienzan a valorar prácticas mentales o físicas antes criticadas o ignoradas como lo es la meditación o el ejercicio, desarrollan el hábito de tener una actitud positiva ante cualquier situación, entienden que cometer errores es parte del proceso, por lo tanto dejan de tener miedo a equivocarse. Empezar a crear rutinas diarias desarrollará la confianza en usted mismo, situaciones que son evitadas por otros se convertirán en desafíos para usted, entenderá que sentirse incómodo es síntoma de avance, empezará a controlar y a manejar sus emociones de manera más consciente entendiendo que no se pueden tomar decisiones objetivas cuando se actúa emocionalmente, por lo que hay que empezar a manejarlas de manera más inteligente; ser más disciplinado en todas las áreas de su vida pero sin perder de vista que la perfección es el enemigo número uno del avance. Todo esto lo ayudará a progresar de manera más rápida, a una velocidad que algunos no podrán entender y mientras piensan que tuvo suerte al lograr su objetivos usted tendrá la certeza de que la suerte y el logro de sus objetivos siempre estarán de su lado porque ello no depende de fuerzas externas sino de su propio trabajo que es el producto de sus buenos hábitos.

VALIENTES

Creo que la valentía radica en nosotros de manera natural pero que debido a un sistema basado en el miedo o, mejor dicho, en el terror, hemos dejado de ser valientes por temor a cometer errores y, en consecuencia, a ser juzgados, estos entre muchos otros miedos, por lo que creo que tenemos que volver a nuestros orígenes, con esto me refiero a que en algunos casos tenemos que pensar como lo hicimos cuando éramos niños, cuando no nos importaba caernos si el objetivo era caminar, nos levantábamos y volvíamos a intentarlo hasta lograrlo, cuando si el objetivo era ir a manejar bicicleta no importaba qué tan duro nos golpeáramos al caer, simplemente nos levantábamos y lo volvíamos a intentar. Un bebé, por naturaleza, nace sin miedo, si no, veamos como ejemplo al bebé que al ver un insecto lo agarra sin ningún temor y, a veces, hasta se lo come, y si le sabe mal no lo vuelve a hacer; sólo cuando ve a un adulto pegando un grito o con un gesto de miedo ante el insecto es que este bebé empieza a reaccionar de esa manera ante la misma situación; a esto me refiero cuando digo que la naturaleza de todos nosotros es la de ser valientes ya que nacimos con ese don y que por diferentes motivos a veces terminamos perdiéndolo con el curso de los años. Tenemos que volver a ser ese niño que no le tiene miedo a nadie, que veía un superhéroe invencible y quería ser como él, que entendía que muchas veces el dolor es parte del proceso para alcanzar sus objetivos y que equivocarse no tiene nada de malo, sólo así lograremos desarrollarnos plenamente y darle libertad a la oveja negra que tenemos adentro para que pueda pensar y actuar libremente sin temor a nada, lo que le permitirá avanzar en la vida y enfrentar como situaciones comunes lo que otros ven como problemas al entender que lo único que hay que hacer es conseguir la solución a dicha situación.

El miedo siempre va a existir, al igual que los problemas, la diferencia entre las ovejas negras y el resto es: cómo enfrentarlos, debemos tener claro que el que sean valientes no significa que no tengan miedo o que no enfrenten problemas, la diferencia radica en cómo se enfrentan dichas situaciones, en verdad es mucho más sencillo de lo que la mayoría piensa, se trata sólo de cambiar el enfoque, me refiero a que generalmente el enfoque está dirigido al problema o al miedo, por tal motivo no pueden o se les hace muy difícil avanzar, en su lugar, las ovejas negras enfocan su atención en la solución, debido a este simple cambio pueden dedicar su energía a enfrentar aquella situación que les da miedo o a abordar aquel tan temido problema, dando la impresión de que no le temen a nada. Me refiero a que si la situación es que alguien se queda sin empleo las ovejas blancas se enfocan en todas las desgracias que esto implica, además de buscar culpables por tal hecho, mientras que la ovejas negras ven esta situación como una oportunidad para cambiar y mejorar, entonces el enfoque y su energía son inmediatamente dirigidos a la búsqueda de un nuevo empleo; al entender esta idea, independientemente del resto de ideas que se tratan en este libro, su vida tendrá un cambio drásticamente positivo, por lo tanto, es mandatorio que se dedique a buscar soluciones y deje de enfocarse en que los problemas son los culpables, esto lo ayudará a enfrentar sin temor de ningún tipo cualquier situación que se le presente hasta convertir esta manera de pensar o de actuar en un hábito. Entendamos que todos tenemos miedo ante ciertas situaciones, pero el tener miedo no lo hace inferior o vulnerable, lo que verdaderamente importa es cómo nosotros elegimos enfrentar y superar nuestros miedos, con este simple cambio se empezará a sentir como un súper hombre o una súper mujer y de esta manera lo empezarán a ver como aquella persona que sin importar la magnitud de la situación es capaz de enfrentarla y solucionarla.

CAPÍTULO 10
BIENVENIDO AL CLUB DE LAS OVEJAS NEGRAS

ROMPIENDO CADENAS

Si ha llegado hasta este capítulo definitivamente es debido a que dentro de usted existe una oveja negra que ya tomó control o quiere tomarlo; existe dentro de usted una voz, una energía, una fuerza empujándolo a hacer cosas diferentes, a simplemente preguntar ¿por qué?, a buscar formas diferentes y más efectivas de hacer las cosas, existe dentro de usted una necesidad de liberarse y de romper las cadenas que intentan mantenerlo preso en un sistema o ideología que ya no es la suya, no hay razón mayor que me llene de orgullo y me obligue a felicitarlo al darle la bienvenida al club de las ovejas negras, nuestro club, desde ahora: su club, que está conformado por un selecto grupo de individuos que intentan continuamente de superarse sin importar el área en la que se desenvuelven. Me refiero a aquellos individuos que buscan superarse en diversas áreas como pueden ser deportes, salud, estado físico, estado mental, arte, entre otras, y a quienes presento mi respeto y admiración. No obstante, me gustaría en este punto dirigirme a un grupo en particular, que es el que está conformado por quienes están tratando de superarse específicamente en el área financiera queriendo y teniendo como meta final la tan anhelada libertad financiera.

Vivimos en un mundo cambiante y si no logramos evolucionar y adaptarnos a estos cambios estamos condenados a fracasar, me refiero a que en otra época muchos trabajaban confiados en que el Gobierno o las empresas donde desarrollaban sus carreras cuidarían de ellos financieramente una vez que su vida laboral terminara, pero esta situación ha cambiado drásticamente en los últimos años, es decir, que no podemos depender de terceros que de alguna u otra forma se hagan responsables de nosotros en materia financiera cuando nuestra vida laboral acabe; y no siendo ese el caso, sino que aún permanezca trabajando, inevitablemente llegará el momento en que su capacidad de producción disminuirá, bien sea por su edad u otra razón, entonces, mantener el ritmo de vida habitual, es decir, el consumo al que está acostumbrado, agravado esto por el inevitable incremento en gastos de salud, generará un desequilibrio en su presupuesto ya que sus gastos superarán sus ingresos, lo que, sin duda, pondrá en peligro inminente su patrimonio y el legado de su familia. En los tiempos modernos usted es el único responsable de sus finanzas y, por lo tanto, el único al que le corresponde administrarlas de la manera más eficiente. Partiendo de estas premisas es por lo que promuevo la idea de que la libertad financiera debería ser la meta final que nos tracemos al empezar nuestra vida productiva.

Algunos piensan, de buenas a primera, que el término responde al simple propósito de acumular la mayor cantidad de riqueza posible, pero no es ese el objetivo ni el camino a seguir. Hay quienes defienden la idea de que la mejor forma de alcanzar la libertad financiera es vivir libre de toda deuda disminuyendo al máximo sus gastos, lo cual según ellos, mejorará sus posibilidades de vivir mejor cuando se retire con el poco dinero que haya logrado ahorrar, los que defienden esta teoría no conocen o no entienden el concepto de la deuda buena y la deuda mala y, por lo tanto, creen que toda deuda es mala; yo defiendo la idea de que la verdadera riqueza y como consecuencia, la libertad financiera, se alcanzan a través de la acumulación o adquisición de activos (deuda buena) que generen ingresos, de esta manera su patrimonio siempre estará protegido con el valor de dichos activos, ya que generarán a su vez el flujo de caja necesario para que usted pueda vivir tranquilo. Por otro lado, tiene que tener mucho cuidado de filtrar toda la información que recibirá continuamente ya que escuchará frases muy bonitas como: "Encuentra lo que verdaderamente quieres hacer y vive de eso", una idea sumamente fácil de vender pero que la mayoría de las veces no aplica a la realidad y si la aplica le servirá para "vivir de eso" solamente. Opino que lo mejor es producir dinero para poder abordar las cosas que verdaderamente queremos hacer y sin importar en qué etapa de su vida se encuentre debe entender que su objetivo tiene que ser alcanzar dicha libertad financiera, por lo tanto, es mandatorio que empiece a pensar en cómo lo va a hacer, visualice lo que quiere, prepárese, edúquese, diseñe su plan de trabajo y empiece a tomar acciones masivas al respecto.

OPCIONES

Únicamente cuando deje que su oveja negra tome total control será cuando se dé cuenta del infinito número de opciones que existen para usted, vivimos en un mundo donde más del 65% de los individuos que poseen un título universitario trabajan o ejercen en áreas diferentes a aquella en la que se graduaron; yo soy un caso de estos, aunque tengo un título de abogado he dedicado la mayor parte de mi vida productiva a las ventas y a bienes raíces. A los 18, 19 o 20 años de edad muchas veces es difícil decidir qué vamos a hacer por el resto de nuestras vidas, me he dado cuenta, a través del tiempo, de que ya no tiene tanta vigencia aquello de estudiar para tener un título y lograr ser alguien, obviamente es un logro meritorio pero la verdad es que no es necesario un título de ningún tipo para agregar valor o para hacer dinero en el mundo moderno. El estudiar y prepararse es vital y la educación tiene que ser continua pero dirigida al área que usted quiere ejercer, en el caso específico de ventas, que es una de las áreas que más me apasiona, no se requiere ningún título, si usted se vuelve maestro en el área de negociaciones y ventas, las opciones y oportunidades que tendrá abiertas serán infinitas, jamás el dueño de una compañía en la que usted trabaje, por ejemplo, de bienes raíces, le cuestionará porque está vendiendo demasiado ya que esto se traduce en sustanciosos ingresos para ambos; ahora, si su decisión es la de empezar su propio negocio no cabe duda de que está obligado, con mayor razón, a saber o a formarse en el área de las ventas.

Tenga presente que las muchas oportunidades que hay en el mercado equivalen a los muchos y variados problemas que existen en él y siendo usted oveja negra que se ha formado en el área de las negociaciones, su naturaleza y su capacidad de resolver problemas es aún mayor, por lo que sus opciones no están limitadas a ningún área específica y podrá ver claramente que no vivimos en un mundo lleno de limitaciones sino todo lo contrario, empezará a ver y reconocer todas las opciones, todas las oportunidades que verdaderamente existen y logrará de esta manera entender que vivimos en un mundo de abundancia donde no existen límites sino los que usted pueda poner, sólo en este momento su enfoque cambiará completamente y dejará de buscar un área determinada o una empresa determinada, ya que su mirada estará dirigida a las oportunidades, sin importar en donde se encuentran, sólo en este momento es que podrá captar completamente que las opciones son infinitas, por vivir en un mundo de abundancia donde las oportunidades son infinitas las opciones de tener éxito también lo serán, pero única y exclusivamente cuando usted decida abrir su mente por completo es que logrará ver que todas esas opciones, opciones que siempre han estado ahí, a su alcance, esperando que usted tome provecho de ellas. Sólo en este momento los problemas, las situaciones no deseadas o los obstáculos se volverá desafíos y siempre tendrá la opción de buscar la manera de enfrentarlos y superarlos, desde ahora en adelante cuando consiga una pared que impida su avance ya no se detendrá en ese punto, en su lugar aceptará el desafío y estudiará las opciones para superar dicho obstáculo.

Por otro lado, desenvolverse en este mundo le otorgará un sinnúmero de opciones las cuales probablemente nunca tuvo a su alcance, como la posibilidad de administrar su propio tiempo, que es una de las cosas que más disfruto, además en lo que alcance el éxito a nivel financiero tendrá la opción de hacer todas las cosas que le produzcan disfrute. A través del tiempo he conocido muchos que al lograr el éxito financiero dedican gran parte de su tiempo a pescar, a practicar algún deporte, a participar en una banda de música, entre muchas otras actividades; todos estos individuos lograron entender que no, necesariamente, se tiene que hacer lo que se ama para vivir, haz lo que te produzca dinero para poder entonces hacer lo que te gusta hacer.

AYUDAR

Tenga en consideración que cuando usted sea sólido financieramente podrá definitivamente ayudar a muchas personas, con esto no digo que no ayude a nadie en su proceso de crecimiento, me refiero a que haga consciente que mientras más rápido alcance sus metas financieras, más tiempo y más recursos tendrá para colaborar o ayudar a todos los que desee; es como cuando va a viajar en un avión y antes de este arrancar le señalan en las medidas de precaución que en caso de haber algún problema y que las máscaras de oxígeno aparezcan, primero que nada póngase la suya antes de ayudar a los demás debido a que si pierde el conocimiento, sin importar sus buenas intenciones, no podrá ayudar a más nadie. Retribuir, compartir o ayudar es una experiencia sumamente gratificante y está al alcance de todos ponerla en práctica en cualquier momento; hay quienes intentan engañarse a sí mismos repitiendo una y otra vez frases como: "El día que tenga dinero voy a hacer tal cosa para ayudar a alguien"; tenga presente que dar no está limitado única y exclusivamente al dinero, por lo que independientemente de su situación financiera el dar o ayudar siempre están a su alcance, el dinero al igual que el alcohol funciona como lente de aumento y ayuda a ver realmente quién es quién, el ayudar es un buen hábito que tenemos que desarrollar en todo momento de nuestras vidas teniendo conciencia de que cuando alcancemos nuestra meta financiera vamos a poder ayudar bien sea con tiempo o dinero a muchos más.

Todo esto es parte de la naturaleza de las ovejas negras, por eso es que usted ve a quienes han logrado acumular grandes riquezas ayudando a los que más lo necesitan de manera masiva, bien sea promoviendo becas para estudios, ayudando a alimentar a los más necesitados, creando o apoyando a diferentes tipo de fundaciones, o simplemente donando tiempo o dinero para causas específicas con la única finalidad de tener un impacto positivo en la comunidad, como comenté anteriormente y lo repito de nuevo por su importancia, usted tiene la facultad de ayudar a los demás en cualquier momento de acuerdo a sus posibilidades, y a medida que vaya creciendo podrá aumentar sin duda alguna sus colaboraciones. Al llegar a la cima de sus aspiraciones por ningún motivo olvide sus raíces y mucho menos la ayuda que pudo haber recibido o que recibió en algún momento de su vida de parte de amigos, familiares, clientes, desconocidos o de cualquier otro que de una u otra manera haya colaborado a que usted llegara adonde se encuentre, el reconocer la ayuda recibida en el camino no le quitará méritos a sus logros, por lo tanto, siempre debe darle el mérito que le corresponde a todo aquel que se lo merezca.

Existen muchas maneras mediante las que usted puede colaborar y tener un impacto positivo en la sociedad, incluso más allá del tiempo o el dinero, al ser parte del selecto grupo de las ovejas negras pasará a convertirse en un líder tanto en su negocio como a nivel social, el simple hecho de compartir su experiencia y conocimiento podría tener un impacto positivo y constituir un ejemplo para muchos otros. Si para estos momentos aún no ha empezado a colaborar o a ayudar de una u otra manera a los que le rodean o, más allá de eso, a la sociedad en general, es bueno que empiece a hacerlo; si no lo siente necesario en este momento, no se preocupe, la necesidad llegará ya que está en la naturaleza de las ovejas negras ayudar a los otros, esta es la verdadera ley de la atracción: mientras más usted da, más recibe, si quiere que sucedan cosas buenas salga y haga cosas buenas, le puedo garantizar que la sensación de bienestar será pago suficiente por todo lo que está haciendo, la conciencia social ha evolucionado a un punto tal que ha creado un movimiento sin precedentes en el que pueden verse cada vez más y más individuos uniéndose en pro de crear impactos sociales positivos y usted tiene que ser parte de tan maravillosa causa.

EL TIEMPO

El tiempo, sin duda alguna, es el activo más importante, lo más valioso con que todos contamos, la buena noticia es que sin importar quién es uno todos disponemos del mismo tiempo y sólo dependerá de nosotros cómo lo administramos, a partir de cualquier día del año todos contamos con un año por delante que consta de 12 meses y 365 días de 24 horas cada uno, todas las semanas tienen 7 días y todas las horas 60 minutos, en otras palabras, el tiempo no discrimina, por lo tanto todos tenemos la misma cantidad de tiempo para hacer nuestras cosas, sólo teniendo claro esto se podrá dar cuenta de que la popular frase "es que no tengo tiempo para hacer eso" no es más que una excusa a la cual acudimos cada vez que queremos justificar por qué no hemos hecho alguna actividad. Tenga presente que usted es el dueño de su propio tiempo, por lo que usted tiene el control del mismo; según estadísticas los exitosos duermen de 6 a 8 horas al día, seguidos por otro grupo conformado en su gran mayoría por ovejas blancas que duermen de 8 a 10 horas al día e, incluso, hasta más, lo que llama la atención es que este segundo grupo es el que generalmente no tiene tiempo de hacer nada más, no tiene tiempo de hacer nada extra y simplemente sus miembros caen en un círculo vicioso de quejarse por no tener tiempo, sin darse cuenta de que el simple ajuste de despertarse 2 horas más temprano todos los días les daría 14 horas extras a la semana, aproximadamente 56 horas extras al mes y 670 horas al año, tiempo este que podrían invertir en algún proyecto importante sin tener que modificar drásticamente sus vidas. Usted, como oveja negra va a entender esto y va a tomar total control de su tiempo.

Recuerdo una vez, un domingo, que yo estaba trabajando y un amigo me dijo en un tono en cierta forma recriminador: "Bueno, si tú trabajas los domingos entonces qué día dedicas a compartir con tu familia", con una sonrisa le contesté: "Todos los días" y seguidamente le expliqué que por algún motivo la sociedad se impuso que el domingo es el día para dedicarlo a la familia, pensamiento este que me parece un poco egoísta ya que por qué dedicarle un solo día cuando le puedes dedicar todos; el asunto radica en que esto es posible únicamente cuando usted es dueño de su tiempo, lo que quiere decir que se puede tomar un miércoles libre para llevar a sus hijos al parque o un lunes libre para llevar sus padres a almorzar, de esta forma los 7 días de la semana no tienen diferencia; en la sociedad de la ovejas blancas el lunes es el peor día de la semana por tener que regresar a trabajar, pero en el mundo de las ovejas negras los lunes, al igual que cualquier otro día, son emocionantes ya que representan una nueva oportunidad para avanzar y superarse, si no entendió este concepto es de suma importancia que se tome su tiempo para entenderlo y se dará cuenta de que sí existen formas de que sea dueño de su propio tiempo, como podría, igualmente, ser propietario de su compañía alcanzando la libertad financiera, entre otras opciones. Es obligatorio que empiece a administrar su tiempo de la mejor manera posible, considere la posibilidad de acostarse una hora más temprano, de levantarse una o dos horas más temprano, haga un análisis de cuánto tiempo pasa viendo televisión, cuánto tiempo pasa en las redes sociales o cuánto tiempo pasa en Internet sólo viendo programas o videos que tal vez no le enseñan nada, vivimos en el mundo de la información donde computadoras o celulares, entre otros, nos dan acceso a Internet y a toda la información que existe en esa red, lo único que queda nuestra parte es saber filtrar en qué tipo de información vamos a invertir tiempo, este simple ajuste podría crear un gran impacto positivo en su vida. Es necesario que entienda la importancia del tiempo y de esta manera será más consciente de cómo lo invierte, aprenda de una vez a decir "No" a actividades de poca importancia que no lo hagan feliz o que no lo acerquen a sus metas, esta es una práctica muy recomendable la cual uno nunca termina de aprender y la que hay que tratar de mejorar constantemente.

LA SUERTE SIEMPRE ESTARÁ DE SU LADO

En el momento que decida ser usted mismo y comportarse de manera diferente a lo que se considera socialmente normal tenga la plena seguridad de que será juzgado, en un principio posiblemente lo etiqueten como loco o en su defecto critiquen sus actos calificándolos como locuras, lo que a final de cuentas es lo mismo; esto ocurre debido a que generalmente no entienden el cambio de actitud, me refiero a que no entienden por qué salirse de lo establecido en los patrones de comportamiento considerados por la sociedad como normales; si logra superar esta etapa de críticas y de ataques verá, al continuar avanzando, que ocurrirá un fenómeno sumamente interesante, a medida que vaya teniendo éxito la mayoría atribuirá este logro a un factor externo: la suerte, no debe tomar en forma personal este tipo de ataque, me refiero a que no le den mérito por sus logros, entienda que todos estos individuos que pertenecen a la sociedad de los ovejas blancas atribuyen sus fracasos y frustraciones a factores externos tales como el Gobierno, la economía, el clima, la falta de oportunidad, el tiempo o el momento, entre muchos otros, sin comprender que superarse y alcanzar el éxito no depende de nada, ni de nadie ajeno a uno, sino de uno mismo, por tal motivo, no entienden que fue decisión de usted ponerse en esta situación, el éxito o la superación alcanzada es producto de su decisión y esfuerzo, por el simple hecho de no entender esto es que atribuyen su éxito a la suerte y mientras más éxito alcance este será justificado con frases como: "Es que él tiene mucha suerte", creando la ilusión de que la suerte siempre está de su lado sin comprender que usted es el creador de su propia suerte.

Desde mi punto de vista la suerte depende de un conjunto de factores que incluye: el ser positivo, visualización, preparación o educación, acción, evolución, adaptación y consistencia; únicamente cuando se unen todos estos factores es que empieza a existir la posibilidad de tener suerte y mientras más trabaje o más aplique estos recursos más suerte tendrá. Sólo cuando aceptemos que nosotros somos los hacedores de nuestra suerte es cuando lograremos entender que la esperanza no es una estrategia, que solo tener la esperanza o esperar tener suerte no brindará ningún tipo de resultado hasta que usted haga algo para que las cosas pasen, es entonces cuando estas podrán suceder. El camino al éxito no es una ruta tan fácil como inicialmente nos imaginamos, les aseguro que estará llena de problemas, situaciones, altibajos, obstáculos, retos y, en general, de muchas adversidades y sólo manteniéndonos enfocados, comprometidos y siendo constantes lograremos sobrepasar y superar todas estas situaciones. Esto le parecerá a la ovejas blancas que es cuestión de suerte, cuando en verdad el único factor determinante para que esto suceda se deriva de un trabajo duro y perseverante, ni la suerte, ni la fe, ni la esperanza pueden garantizar los resultados que podrá obtener cuando realmente trabaje duro por lograr lo que quiere, el fallar algunos intentos no significa que fracasó, el perder una batalla no significa que se perdió la guerra, mucho menos significa que no tiene suerte, cada vez que nos caigamos, nos levantemos y volvamos a intentarlo estaremos forjando nuestra propia suerte.

Recordemos que todo empieza con una idea, seguida de la visión o visualización de lo que sería la materialización de la misma, es en este momento cuando nos damos la oportunidad de empezar a cambiar nuestra suerte, siempre teniendo presente que si queremos tener la misma suerte que tienen todos sólo nos debemos comportar como la gran mayoría se porta; única y exclusivamente cuando pensemos, actuemos y, en general, seamos diferentes, podremos optar a lo que muchos denominan buena suerte, por lo tanto, usted es el único que tendrá el poder de decidir si tendrá o no buena suerte ya que usted es el único responsable y creador de la misma, mientras más trabaje en sus sueños o en sus metas y mientras más avance en su viaje al éxito más generará la ilusión de que es un ser que siempre tiene la suerte de su lado.

LAS GANANCIAS POTENCIALES SON INFINITAS

Una vez que logre liberar su mente será cuando pueda expandir sus horizontes, entonces se dará cuenta de que vivimos en un mundo donde las posibilidades son infinitas, por tal motivo las ganancias potenciales son infinitas, cuando acabe con la mentalidad del pobre, la cual está llena de pensamiento escasos, es cuando podrá ver claramente todo lo que este mundo y esta vida ofrecen y será cuando se dé cuenta de que todas estas oportunidades están a su alcance, que no depende de nadie el que salga a obtener lo que tanto se merece, y no es culpa de nadie, sino de usted mismo, que hasta los momentos no haya tenido lo que ha deseado, entienda que la codicia no significa otra cosa que querer más, y querer más no tiene nada de malo, por el contrario, el querer más es sinónimo de autosuperación, pero esta idea no está aprobada de un todo en la sociedad de las ovejas blancas, por lo tanto, muchas veces le dan un sentido negativo a la codicia, únicamente cuando la oveja negra tome control se dará cuenta de que querer más por aspirar a superarse en cualquier área no tiene nada de malo, esto evidentemente se aplica al ámbito financiero en el que al entender que no hay nada malo en querer más, que vivimos en un mundo de abundancia y por lo tanto las ganancias potenciales son infinitas, se hace imperativo que salgamos a buscar e intentar obtener todo aquello que nos creamos capaces de obtener, teniendo claro que lo que pongamos en nuestra mente se volverá nuestra realidad, al expandir nuestros horizontes entenderemos que todo lo que está allá afuera está a nuestro alcance.

Sólo cuando usted, la oveja negra, tome absoluto control, es cuando podrá entender finalmente que vivimos en un mundo de abundancia en el cual no existen los límites y entonces romperá las cadenas que lo mantienen atado a la ideología de que los recursos son escasos, pensamientos y creencias que provienen de una sociedad llena de limitaciones. Si para estos momentos todavía existe un conflicto existencial dentro de usted en el cual se debate si es verdad que vivimos en un mundo de escasez o de abundancia, en el que por un lado algo le dice que está bien dónde está por ser un lugar seguro y por el otro lado algo le dice que salga a buscar lo que está a su alcance ya que usted puede tener más de lo que tiene actualmente; dicho en otras palabras: si la oveja blanca que está dentro de usted está justificando por qué no puede avanzar, porque no se lo merece y que es mejor que se quede donde está por motivos de seguridad y estabilidad, alimentando todas las excusas y miedos para que de esta manera no sea lógico el querer hacer algo diferente, y por otro lado la oveja negra le dice que avanzar, adaptarse y evolucionar está en sus genes, que usted se merece y que está a su alcance todo aquello que verdaderamente desee, que usted es un ser creativo e innovador, un ser valiente y, por lo tanto, no le tiene miedo a nada, que querer avanzar y superarse es algo necesario para su bienestar interno, que no existe nada malo en pensar diferente, en actuar diferente y en general, en ser diferente, y que el avance y el progreso personal constituyen una obligación moral; si esta dualidad de criterios es el conflicto que está viviendo, entonces es absolutamente necesario que obedezca e imponga su condición de oveja negra que usted ha decidido asumir como miembro de nuestro club y actúe en consecuencia.

Entonces la siguiente pregunta sería: si vivimos en un mundo de abundancia en el cual no existen los límites ¿cuánto éxito podría tener?, la respuesta directa es: no existen límites para el éxito y usted, en este momento, está en capacidad de alcanzarlo, y entienda que al ser las ganancias potenciales infinitas, al no tener límites, el éxito de los demás no afectará en nada su capacidad de usted ser exitoso también. El éxito en sí es intangible, no es físico, lo que quiere decir que es algo que no se puede heredar, comprar o exigir, es algo que nosotros debemos alcanzar por nosotros y para nosotros mismos, entendamos de una vez por todas que el éxito no está limitado al tiempo y mucho menos al lugar y que el simple hecho de que tomemos la decisión de avanzar nos coloca en una situación de superación la cual automáticamente se transforma o se traduce en éxito, por lo tanto, al dar el primer paso automáticamente usted se convertirá en una persona exitosa y sólo usted podrá decidir cuántos pasos avanzará o qué tan lejos quiere llegar en su camino al éxito.

PENSAMIENTOS FINALES

Vivimos en un mundo donde existe la ilusión de que un conjunto de factores externos nos limitan o nos impiden superarnos, donde el miedo a hacer algo diferente es transmitido y es difundido de generación en generación, donde la sociedad ha creado una serie de parámetros de los cuales no podemos salirnos si queremos llevar una vida normal, pero asimismo, siempre ha existido un grupo que nunca ha estado de acuerdo con esta ideología, un grupo de individuos que se han atrevido a separarse del rebaño, que se han atrevido a preguntar ¿por qué?, que se atrevieron a preguntar ¿existe una mejor manera?, que se han atrevido a pensar, actuar y, en general, a ser diferentes, individuos que se han atrevido a romper con todas estas barreras creadas por una sociedad que muchas veces no parece tener criterio propio o que sigue atada a formas rígidas de pensar o a creencias de otras épocas. Este grupo, calificado inicialmente como de locos está conformado por todos aquellos que, más adelante la misma sociedad, los identificaría como genios.

En el momento en que decida unirse a este grupo, ya que todos tenemos la capacidad para hacerlo, ya que todos tenemos la misma oportunidad, lo único que necesita es que usted mismo se otorgue el permiso para hacerlo, si quiere lograr resultados diferentes tiene que portarse diferente al resto, únicamente cuando entendamos que sí podemos hacerlo es cuando nos daremos la oportunidad de avanzar, de progresar, para de esta manera empezar nuestro camino de superación en el área o áreas que sólo usted puede identificar como importantes en su vida, siempre teniendo presente que nada es imposible cuando creemos en nosotros mismos ya que, como dije, todos tenemos la misma capacidad y las mismas oportunidades debido a que vivimos en un mundo de abundancia, esta es una invitación abierta a todos aquellos que, en algún momento, fueron llamados o tratados como ovejas negras para que se unan a un grupo selecto que se caracteriza, entre muchas otras cosas, por las ganas de tener éxito y de superarse continuamente a nivel personal.

ACERCA DEL AUTOR

Víctor Baptista vive en Orlando, Florida, en USA, se mantiene como un inversionista activo en el área inmobiliaria al igual que como emprendedor o empresario en el mercado de bienes raíces, graduado de abogado en su país de origen, Venezuela, vino como inmigrante a USA en busca de nuevas oportunidades. Sin hablar el idioma empezó en su primer trabajo como lavaplatos, pero siempre consciente de todas las oportunidades que existían a su alrededor, trabajó como cajero en una gasolinera, instalando cerámica o loza, instalando ladrillos en patios, como jardinero, hasta que encontró la forma de empezar su primer negocio.

Después de formar y vender dos exitosas compañías es cuando empieza su aventura en el mundo inmobiliario al despertar este una gran pasión nunca antes experimentada con ninguno de sus otros negocios, identifica esta materia como el área a la que quiere dedicar su vida y su carrera; ahora, con experiencia en múltiples áreas inmobiliarias como lo son la adquisición, remodelación y venta de propiedades (flip), la planificación, construcción y venta de viviendas tanto unifamiliares como multifamiliares, la evaluación, adquisición y venta de propiedades que producen un flujo de caja, entre otros, se encuentra en estos momentos activamente participando en el mercado de bienes raíces.

Teniendo siempre en consideración lo difícil que es dar el primer paso, ha dedicado parte de su tiempo a transmitir sus conocimientos a otros, en tal sentido, decide escribir su primer libro: *Secretos en bienes raíces* con el objeto de tener más alcance y lograr que su mensaje llegue a la mayor cantidad de personas posible; siguiendo esta idea escribe su segundo libro con la intención de hacer llegar a todos un mensaje tan sencillo cual es: "Con la ideología correcta, sí se puede".

Para ordenar más ejemplares, por favor visite: www.amazon.com

Finalmente, si ha sido inspirado por este libro, lo mejor que puede hacer es transmitirles a otros tal energía, déjeles saber de la existencia del libro y ayúdelos a dar ese tan difícil primer paso.

www.ingramcontent.com/pod-product-compliance
Lightning Source LLC
Chambersburg PA
CBHW070713250726
48662CB00001B/398